Mes 25 ans aux USA

RICHARD HÉTU

Mes 25 ans aux USA

Et puis Trump a été élu

LES ÉDITIONS **LA PRESSE**

Catalogage avant publication de Bibliothèque et Archives nationales du Québec et Bibliothèque et Archives Canada

Hétu, Richard, 1962-

Mes 25 ans aux USA : et puis Trump a été élu

ISBN 978-2-89705-619-3

1. Hétu, Richard, 1962- . 2. États-Unis - Politique et gouvernement. 3. Journalistes - Québec (Province) - Biographies. 4. Correspondants à l'étranger - Québec (Province) - Biographies. I. Titre. II. Titre : Mes vingt-cinq ans aux USA.

PN4913.H47A3 2017 070.4'332092 C2017-942011-9

Présidente : Caroline Jamet
Directeur de l'édition : Jean-François Bouchard
Directrice de la commercialisation : Sandrine Donkers
Responsable, gestion de la production : Emmanuelle Martino
Communications : Paul Gilbert

Éditeur délégué : Yves Bellefleur
Conception graphique : Célia Provencher-Galarneau
Révision linguistique : Élise Tétreault
Correction d'épreuves : Michèle Jean
Photo de l'auteur : Marco Campanozzi

L'éditeur bénéficie du soutien de la Société de développement des entreprises culturelles du Québec (SODEC) pour son programme d'édition et pour ses activités de promotion.

L'éditeur remercie le gouvernement du Québec de l'aide financière accordée à l'édition de cet ouvrage par l'entremise du Programme de crédit d'impôt pour l'édition de livres, administré par la SODEC.

Nous reconnaissons l'aide financière du gouvernement du Canada par l'entremise du Fonds du livre du Canada (FLC).

Dépôt légal — 4e trimestre 2017
ISBN 978-2-89705-619-3
Imprimé et relié au Canada

LES ÉDITIONS **LA PRESSE**
Les Éditions La Presse
750, boul. Saint-Laurent
Montréal (Québec)
H2Y 2Z4

À Nicole et André

Ce qui m'effraie, ce n'est pas l'oppression
des méchants ; c'est l'indifférence des bons.

– Martin Luther King

AVANT-PROPOS

En marchant vers les bureaux new-yorkais de Radio-Canada en ce matin ensoleillé du 8 novembre 2016, j'essaie une autre fois de répondre à la question qui me taraude depuis des semaines: quel verdict électoral correspondra le mieux, ce soir, aux événements à la fois historiques, imprévisibles, voire invraisemblables dont j'ai été témoin depuis que je vis aux États-Unis? La victoire d'Hillary Clinton ou celle de Donald Trump? Tout au long de la 3e Avenue, entre les 42e et 47e Rues, je repasse dans mon esprit ces événements qui sont devenus pour moi autant de preuves que les scénarios américains le plus improbables doivent non seulement être envisagés, mais privilégiés.

Ça commence en 1998 avec la procédure de destitution intentée par le Congrès contre le président Bill Clinton pour avoir menti sous serment sur la nature de sa relation avec la stagiaire Monica Lewinsky. Ça continue en 2000 avec l'imbroglio électoral de la Floride auquel la Cour suprême des États-Unis a mis fin au bout de 36 jours en donnant les clés de la Maison-Blanche à George W. Bush, par cinq voix contre quatre. Ça se poursuit le 11 septembre 2001 par les attentats terroristes contre le World Trade Center et le Pentagone. Ça donne suite en 2003 à la guerre en Irak justifiée par des armes de destruction massive inexistantes. Et ça mène à l'élection à la Maison-Blanche en 2008 d'un premier candidat de couleur appelé Barack Hussein Obama. Qui l'eût cru ?

Huit ans plus tard, je ne peux nier l'évidence, même si celle-ci me donne parfois des maux d'estomac : le scénario le plus improbable correspond à une victoire de Donald Trump. Certes, à peu près tous les sondeurs, experts et pontes de l'information prédisent l'élection d'Hillary Clinton. Mais je retiens surtout ce que m'a dit ma femme après avoir fait du porte-à-porte, fin octobre, dans la banlieue de Philadelphie, en Pennsylvanie, un des États clés de l'élection présidentielle. Sa mission consistait à s'assurer que les électeurs inscrits sur sa liste comme étant des démocrates reçoivent les informations et les encouragements nécessaires pour se rendre aux urnes le 8 novembre. Sans insister, elle devait aussi leur demander pour qui ils avaient l'intention de voter. « Plusieurs d'entre eux ont refusé de répondre à la question », m'a dit ma femme sur un ton découragé, devinant que ces démocrates ne voulaient pas avouer qu'ils se préparaient à faire faux bond à leur parti et à voter pour le candidat du Parti républicain.

N'empêche, en ce jour de scrutin, lorsque l'animatrice de l'émission de Radio-Canada *Médium large*, Catherine Perrin, demande à ses deux invités installés aux États-Unis de prédire le gagnant ou la gagnante de l'élection présidentielle, je réponds sur un ton plus ou moins convaincu : Hillary Clinton. Redoutant les conséquences d'une victoire éventuelle de Donald Trump, je m'accroche à cette idée : l'élection d'une première femme à la Maison-Blanche pour succéder au premier président de couleur représente également un scénario improbable. J'aurais donc dû me fier à mon intuition.

★

Véritable saut dans l'inconnu, l'élection de Donald Trump à la Maison-Blanche a coïncidé avec ma 25e année aux États-Unis, période vécue en deux temps : un premier et bref séjour au début des années 1990 suivi d'une résidence ininterrompue depuis le milieu de la même décennie.

Pendant ce temps, j'ai accumulé, à titre de correspondant du journal *La Presse* à New York, des expériences professionnelles qui m'ont marqué et sur lesquelles je reviens dans ce livre. Certaines d'entre elles m'ont d'ailleurs permis de croiser Donald Trump et l'un de ses plus fervents partisans, David Duke, à une époque où ceux-ci assumaient des rôles fort différents.

Durant ces 25 ans aux États-Unis, j'ai aussi vécu des expériences personnelles qui permettent de saisir comment l'élection de Donald Trump a pu changer le regard que je porte aujourd'hui sur les États-Unis. Ce regard est celui d'un Québécois inspiré depuis l'enfance par le parcours et le message de Martin Luther King, marié à une Afro-Américaine de Chicago depuis 2000, devenu père d'un petit New-Yorkais en juillet 2002 et ayant acquis, en décembre 2009, la citoyenneté américaine lors d'une cérémonie à Ellis Island, porte d'entrée en Amérique du Nord pour plus de 12 millions d'immigrants.

Ce regard est aussi celui d'un Métis qui a découvert une partie de son héritage canadien-français dans les Grandes Plaines américaines après avoir échoué dans sa tentative de rencontrer son père haïtien à Chicago. Échec qui allait donner lieu, quelques années plus tard, à des rencontres et des révélations inattendues.

Entre le récit de ces expériences professionnelles et personnelles aux États-Unis, ce livre présente aussi des moments choisis de la carrière professionnelle et de la campagne présidentielle de Donald Trump. Moments qui ne l'honorent pas mais qui, paradoxalement, aident à comprendre comment il est parvenu à se faire élire à la présidence.

Hélas! aucune explication ne sera jamais pleinement satisfaisante. Vrai que Donald Trump a su mieux exprimer que ses adversaires républicains et démocrates la révolte de la classe ouvrière et moyenne blanche face aux élites économiques, politiques, médiatiques et culturelles de leur pays. Mais quelle part son discours raciste et xénophobe a-t-il eue dans sa popularité auprès de ces mêmes électeurs? Et comment ses électeurs mieux nantis ont-ils pu accepter de voter pour un tel homme, qui ne pouvait revendiquer une expérience politique ou une expertise gouvernementale susceptible de compenser sa grossièreté et son narcissisme? Quant aux critiques acerbes des uns et des autres envers Hillary Clinton, ne participaient-elles pas d'un sexisme aussi lourd que tenace?

Un an après l'élection de Donald Trump à la présidentielle, je ne suis pas prêt à donner le bénéfice du doute à ses électeurs, ce qui me brise le cœur. Et je me surprends à scruter l'horizon à la recherche du prochain scénario improbable qui saura me redonner confiance en eux. Jusqu'à maintenant, je ne vois rien.

PREMIÈRE PARTIE

Ku Klux Queens

1

Un assassin en puissance

— Conducteur, sortez de la voiture !

La voix émane du haut-parleur d'un véhicule de police garé derrière ma voiture de location. Nous sommes sur l'accotement d'une route de campagne louisianaise que seule éclaire la lune. Je rentre à mon motel après avoir assisté au rassemblement du candidat républicain dont tout le monde a peur, à l'exception évidente de ses partisans aux yeux desquels il est un sauveur.

Que me vaut ce contrôle routier ? Je n'en ai aucune idée, mais je sors de la voiture. Pas question de jouer les Rodney King, cet automobiliste afro-américain tabassé par des policiers de Los Angeles au terme d'une poursuite. Puis, en apercevant mon portefeuille sur le siège du passager, je me penche vers l'intérieur et étire un bras pour le récupérer.

— Conducteur, sortez de la voiture!

Cette fois-ci, la voix, plus insistante, parvient à mes oreilles sans l'aide du haut-parleur. En me retournant, je vois un policier en train de pointer son arme de service dans ma direction. D'instinct, je lève les mains en l'air en pensant à toutes les personnes de couleur qui ont été abattues aux États-Unis après avoir fait un geste «suspect» dans des circonstances semblables. Je me sens plutôt chanceux de pouvoir y penser plutôt que de me retrouver sur le bitume à râler au clair de lune.

Le policier s'approche de moi tout en me maintenant en joue. Je finis par le reconnaître. C'est le même flic qui se tenait à mes côtés pendant que le candidat républicain signait son autographe sur tout ce que lui présentaient ses admirateurs et admiratrices: casquettes, t-shirts, affiches et même le haut d'un sein rebondi.

C'est aussi à ce policier que j'ai posé une question que j'ai aussitôt regrettée. Maintenant, j'en paie le prix. De toute évidence, ce flic louisianais me soupçonne de vouloir assassiner le candidat républicain.

★

Retour en arrière de quelques heures. Le soleil rougeoie à l'horizon et une douce brise d'automne souffle sur le stationnement de l'hippodrome Evangeline, dont les emplacements sont occupés aux trois quarts par des camions «pick-up». Y descendent des hommes coiffés de chapeaux de cowboy ou de casquettes aux couleurs du candidat républicain, des femmes d'âge mûr à la coiffure en forme de ruche, des garçons vêtus de t-shirts serrés mettant en valeur leurs muscles tout neufs et des filles en jeans moulants.

L'hippodrome est situé à l'écart de Lafayette, la plus grande ville du pays cajun. Selon les analystes politiques, cette région du sud de la Louisiane où ont été déportés la plupart des Acadiens de la Nouvelle-Écosse lors du «grand dérangement» votera en masse pour le candidat républicain. Cela m'attriste de penser que la majorité des électeurs locaux, descendants d'un peuple opprimé, appuieront un raciste patenté. Mais je retiens la devise d'Ernest Hemingway que je tente aujourd'hui d'appliquer en tant que journaliste: «Le travail de l'écrivain n'est pas de juger mais de chercher à comprendre.»

Dans les gradins, la Budweiser coule à flots tandis que la musique endiablée d'un orchestre cajun se mêle aux rires et aux exclamations qui meublent l'attente des membres de la foule. Parmi ceux-ci, je note la présence de nombreux journalistes venus des quatre coins des États-Unis et de plusieurs pays étrangers. Étant l'une des rares personnes de couleur sur le site avec un ou deux caméramans de la télévision américaine et deux ou trois correspondants de journaux asiatiques, je m'inquiète un peu de l'accueil que me réserveront les partisans du candidat républicain.

Je m'en fais pour rien. Mes interlocuteurs d'un certain âge, en particulier, sont ravis de pouvoir parler avec moi en français, une langue qu'ils n'utilisent plus qu'à la maison.

«Quand j'étais jeune, on nous interdisait de parler français à l'école», me raconte Tony Fondenot, un colosse dans la cinquantaine. «Nos professeurs nous punissaient quand nous le faisions. Mais le français revient. On a commencé à l'enseigner à l'école. Le seul regret que j'ai, c'est que mes enfants n'ont pas pu en profiter. Ils comprennent le français, mais ils ne sont pas capables de le parler.»

Tony Fondenot se compte au nombre des chanceux en Louisiane, l'industrie pétrolière lui ayant permis d'avoir un emploi stable et un revenu respectable. Mais il partage l'impatience de nombreux Cajuns envers les politiciens traditionnels qui sont incapables, selon eux, de remettre l'économie de l'État sur pied. «Nous avons besoin d'un changement», dit-il simplement avant de dénoncer le statu quo qu'incarne selon lui l'adversaire démocrate de son candidat préféré.

Ernest Cormeaux, un camionneur de 55 ans, est séduit, pour sa part, par la promesse du candidat républicain de mettre un terme à un système qui cultive la dépendance chez les pauvres. Il a la nostalgie d'une époque où les Américains ne devaient compter que sur eux-mêmes pour assurer leurs besoins.

«Le monde qui travaille est las d'avoir à payer autant de taxes, dit-il. Comme c'est là, les gens qui sont bénéficiaires de l'aide sociale se servent de notre argent pour acheter de la drogue et des billets de loterie. Même les Noirs avec qui je travaille sont d'accord avec lui sur ce point», dit-il en faisant référence au candidat républicain.

Mais ce dernier n'a-t-il pas dépassé les limites de l'acceptable? Ne traîne-t-il pas des comportements, des relations ou des déclarations qui font peur? «Oui et non», répond en anglais Mary Olivier, une jeune femme de 27 ans qui travaille dans une imprimerie. «Une partie de son passé est controversée, mais une personne peut changer. Tout le monde s'assagit en vieillissant», ajoute-t-elle en souriant.

La foule de l'hippodrome Evangeline est loin de s'assagir, cependant. Impatiente de voir arriver le candidat républicain, elle se met à scander son nom à pleins poumons. Et, enfin, l'homme à la chevelure blonde et au charisme évident fait son apparition sur la scène, entouré de plusieurs gardes du corps, la poitrine étrangement gonflée. C'est le délire.

Mais avant que le candidat républicain prenne la parole, les lumières de l'hippodrome s'éteignent. Et défilent devant les yeux des spectateurs sur un écran placé à côté de la tribune, au rythme d'une chanson de Bob Seger, chantre de la classe ouvrière blanche, des images idylliques de la Louisiane: la Louisiane des bayous, celle des plantations de coton, celle des pêcheurs de crabes, celle des plates-formes de forage...

Suivent des images du candidat républicain, accompagnées de la chanson sirupeuse *Everything I Do I Do It for You*, du rocker canadien Bryan Adams. Voici le candidat avec ses enfants, avec des personnes âgées, avec des travailleurs et enfin à l'église, la mine recueillie et les mains jointes. En voyant cette image, la foule exulte. J'ai l'impression d'assister à un orgasme collectif.

Quand la lumière revient, le candidat républicain, en parfait populiste, s'adresse à la foule de but en blanc sans détour: «Je veux ce que vous voulez. Je veux un gouvernement propre et la fin de la corruption. Je veux des rues sûres et la fin du pardon aux violeurs, aux tueurs et aux vendeurs de drogue.»

«Contrairement à mon adversaire, je ne dois rien aux groupes d'intérêt et à la *big business*. Les seules personnes à qui je devrai quelque chose, c'est à vous.»

★

«C'est bon, vous pouvez fermer le coffre», me dit le policier après avoir constaté que je ne transportais pas d'arme à feu dans ma voiture.

Je pense en avoir fini avec lui, mais il me retient encore un instant pour me poser des questions. Il prend en note le nom du journal pour lequel je travaille. Son ton est plus sympathique depuis qu'il sait que je viens du Québec.

— Je comprends le français, mais je ne le parle pas bien, dit ce Cajun en anglais. Vous aimez la Louisiane?

— J'adore la Louisiane.

Je suis convaincu qu'il ne me soupçonne plus d'être un assassin en puissance. Je ne lui reproche même plus de m'avoir foutu la trouille en me mettant en joue. Après tout, ne lui ai-je pas stupidement demandé, pendant que le candidat républicain signait des autographes devant l'entrée de l'hippodrome Evangeline, si ce dernier portait un gilet pare-balles? De quoi éveiller ses soupçons. Or, le lendemain, je me rends compte en téléphonant au journal que le policier n'a pas lâché le morceau après m'avoir laissé partir.

— Veux-tu bien me dire ce que tu as fait hier? me demande mon supérieur immédiat.

— *Ben*, je suis allé au rassemblement dont je t'avais parlé.

— T'as dû faire autre chose parce qu'Interpol nous a appelés pour savoir si c'était vrai que tu travaillais pour le journal.

— Interpol?

— Oui, Interpol! répète-t-il en faisant référence à l'organisation internationale de police dont l'une des missions est d'aider les services policiers du monde entier à lutter contre la criminalité et le terrorisme.

Après une pause, je lui fais part de mon constat de la veille.

— Ça m'a tout l'air qu'un policier de la Louisiane a cru que je voulais assassiner David Duke.

2

David qui ?

« Désavoueriez-vous David Duke ? »

John Heilemann, journaliste à Bloomberg Television, pose la question à Donald Trump lors d'un épisode de l'émission *With All Due Respect* diffusée le 26 août 2015. Il cherche à savoir ce que le candidat à l'investiture républicaine à la présidence des États-Unis pense des propos louangeurs tenus sur son compte par l'ancien grand sorcier du Ku Klux Klan (KKK). Vingt-cinq ans après sa campagne infructueuse au poste de gouverneur de la Louisiane, cette même campagne où j'ai été soupçonné d'avoir voulu l'assassiner, David Duke continue à propager une version édulcorée de l'idéologie suprémaciste du KKK. Et, devenu animateur à la radio, il semble voir en Donald Trump le sauveur de la race blanche qu'il a lui-même rêvé de devenir.

«Bien sûr, je le désavouerais, si cela vous mettait plus à l'aise», répond avec nonchalance le magnat de l'immobilier au journaliste, qui mène son interview dans l'atrium de la Trump Tower. Et il ajoute, en faisant référence à son admirateur de la Louisiane: «Je ne sais rien de lui. Quelqu'un m'a dit qu'il m'avait appuyé. En fait, je ne pense pas que c'était un appui. Il a dit que j'étais absolument le meilleur de tous les candidats.»

Or, le 25 février 2016, David Duke lève toute ambiguïté. Lors de son émission radiophonique quotidienne, il exhorte ses auditeurs à soutenir Donald Trump dans la course à l'investiture républicaine plutôt que les sénateurs Marco Rubio ou Ted Cruz, deux candidats qui partagent des origines cubaines. «Voter contre Trump, c'est trahir votre héritage», précise le sympathisant du négationniste allemand Ernst Zündel.

Trois jours plus tard, Jake Tapper, animateur de l'émission *State of the Union* à CNN, engage le dialogue suivant avec Donald Trump qui participe à une émission en duplex de sa résidence de Mar-a-Lago, en Floride:

Tapper: Je veux vous questionner sur l'Anti-Defamation League qui vous a appelé cette semaine à condamner publiquement et catégoriquement le racisme de l'ancien grand sorcier du KKK David Duke, lequel a récemment déclaré qu'un vote contre vous représenterait à ce point-ci une «trahison contre [notre] héritage». Allez-vous condamner catégoriquement David Duke et dire que vous ne voulez pas de son vote ou de celui d'autres suprémacistes blancs dans cette élection?

Trump: Bon, comprenez-moi bien, je ne sais rien de David Duke. OK? Je ne connais rien du suprémacisme blanc ou des suprémacistes blancs dont vous parlez. [...]

Tapper: Mais la question de l'Anti-Defamation League demeure valide. Même si vous n'êtes pas au courant de leur soutien, il y a ces groupes et ces individus qui vous appuient. Allez-vous dire catégoriquement que vous les condamnez et que vous ne voulez pas de leur soutien?

Trump: Bon, je dois examiner ce groupe. Je veux dire, je ne sais pas de quel groupe vous parlez. Vous ne voudriez pas que je condamne un groupe dont je ne sais rien. Je dois l'examiner. Si vous m'envoyez une liste de ces groupes, je ferai une recherche à leur sujet. Et, bien entendu, je les désavouerais si je pensais qu'il y avait quelque chose de répréhensible.

Tapper: Le Ku Klux Klan?

Trump: Mais il y a peut-être des groupes dans la liste qui sont tout à fait bien, et ce serait très injuste de les mettre dans le même sac. Donc, donnez-moi une liste de ces groupes, et je vous ferai connaître ma réponse.

Tapper: OK. Mais je parle seulement de David Duke et du Ku Klux Klan ici...

Trump: Je ne sais rien – honnêtement, je ne connais pas David Duke. Je ne crois pas l'avoir jamais rencontré. Je suis pas mal sûr que je ne l'ai jamais rencontré. Et je ne sais rien de lui.

Tapper: OK.

★

Sacré menteur ! Et quel culot ! Car Donald Trump sait très bien qui est David Duke, et ce, depuis longtemps ! Ma mémoire ne me trahit d'ailleurs pas sur cette question.

Le 19 novembre 1991, quelques jours après l'élection au poste de gouverneur de la Louisiane, Donald Trump se retrouve devant le micro de Larry King, à CNN, pour commenter la performance de l'ancien patron du KKK. L'animateur né à Brooklyn veut notamment savoir si son invité originaire de Queens s'inquiète des 55 % de suffrages récoltés par David Duke auprès des électeurs blancs de la Louisiane (le démocrate Edwin Edwards l'a emporté grâce à l'appui massif de l'électorat afro-américain). « Je n'aime pas ce que cela représente, mais cela démontre qu'il y a beaucoup d'hostilité dans ce pays. Il y a un degré énorme d'hostilité aux États-Unis », dit Trump, profitant de l'occasion pour utiliser l'un de ses mots préférés dans la langue de Shakespeare : *tremendous*.

— Colère ? demande King pour relancer son interlocuteur.

— C'est de la colère, opine Trump. C'est un vote de colère. Les gens sont en colère à cause de ce qui s'est passé. Les gens sont en colère à cause de l'emploi. Si vous regardez la Louisiane, ils sont vraiment dans le pétrin...

★

Un menteur doublé d'un manipulateur éhonté. En février 2016, Donald Trump fait mine de ne pas connaître David Duke de peur de perdre l'appui de nationalistes ou de suprémacistes blancs que sa montée politique transporte au septième ciel. Or, 16 ans plus tôt, en février 2000, il mentionne le nom de ce même David Duke pour justifier sa décision finale concernant une candidature présidentielle sous la bannière du Reform Party, fondé en 1995 par le milliardaire Ross Perot.

C'est la deuxième fois depuis 1988 que Donald Trump flirte avec l'idée de briguer la présidence. Il a lancé un «comité exploratoire» pour pouvoir financer une campagne, publié un livre au titre évocateur – *The America We Deserve* – et pourfendu son principal adversaire, Pat Buchanan, ténor de la droite paléo-conservatrice.

Au nombre des reproches qu'il adresse à Buchanan: être un apologiste de Hitler. Rien de moins. Après tout, affirme-t-il, le commentateur a déjà écrit que le Führer ne représentait pas une menace pour les États-Unis avant la Seconde Guerre mondiale. Il se moque aussi des soutiens offerts à Buchanan par deux des nouveaux membres du Reform Party, Lenora Fulani, ancienne candidate présidentielle adhérant au marxisme-léninisme, et David Duke.

Dans son livre et ses interventions télévisées, Donald Trump martèle les mêmes thèmes, dénonçant l'Accord de libre-échange nord-américain, promettant l'instauration d'un système de santé à payeur unique et lançant un ultimatum à la Corée du Nord: vous désarmez ou nous vous attaquons.

Les médias demeurent sceptiques. Pour la plupart des journalistes, le roi déchu d'Atlantic City ne vise pas la Maison-Blanche, mais la lumière crue des projecteurs qui lui permet de refaire son image. Et, le 13 février 2000, il leur donne en quelque sorte raison en publiant un communiqué dans lequel il explique pourquoi il renonce à succéder à Perot comme candidat présidentiel du tiers parti. On peut notamment y lire la phrase suivante: «Le Reform Party inclut désormais un Klansman, M. Duke, un néonazi, M. Buchanan, et une communiste, Mme Fulani. Ce n'est pas le genre de compagnie avec laquelle je veux être associé.»

Le lendemain, il enfonce le clou à l'émission *Today* de NBC. Quand l'animateur Matt Lauer lui demande quel est le problème le plus important du Reform Party, il répond: «David Duke vient de le joindre – un intolérant, un raciste, un problème. Ce n'est pas exactement le genre de personne que vous voulez dans votre parti.»

3

Dans le *penthouse* de Donald Trump

Donald Trump est intarissable.

«Je ne dis pas que c'est un appartement typique de l'immeuble, mais c'est mon appartement. J'en ai un autre dans la Trump Tower. Regardez par la fenêtre», dit le promoteur immobilier au petit groupe de correspondants étrangers auquel il offre une visite guidée de son nouveau *penthouse*, perché au sommet d'un nouveau gratte-ciel new-yorkais portant son nom: le Trump International Hotel & Tower sis au 1 Central Park West.

«Vous voyez les arbres qui poussent sur le toit de la tour? Ils coiffent mon autre *penthouse*. Je suis donc gâté en matière d'appartements. Sous d'autres aspects, je ne suis pas gâté. Mais en matière d'appartements, je suis peut-être l'être humain le plus gâté au monde.»

Mon regard ne s'attarde pas à la végétation qui recouvre le toit de ce *penthouse* où notre guide vit et où je ne serai probablement jamais invité. Les immenses fenêtres de l'appartement du Trump International Hotel & Tower offrent une vue saisissante sur le centre de Manhattan, surtout en cette journée ensoleillée d'automne. À 52 étages au-dessus de la rue, j'ai l'impression d'être à égalité avec les sommets des gratte-ciel emblématiques de Midtown – l'Empire State Building, le Chrysler Building, le MetLife Building... De quoi gonfler l'ego du maître de céans, quel qu'il soit.

À mes pieds, Central Park déroule vers le nord un tapis de verdure parsemé de couleurs automnales. Et, sur Broadway, de minuscules taxis jaunes vont et viennent parmi les affiches multicolores de Times Square.

La voix «du Donald», comme le surnomment les tabloïds new-yorkais, me ramène dans son nouveau *penthouse*, qui ne compte pas encore un seul meuble.

«Plusieurs producteurs de Broadway ont acheté des appartements au 1 Central Park West, y compris les producteurs de *Chicago*, le spectacle le plus *hot* sur Broadway. Ils adorent la vue sur Broadway, incroyable la nuit. Suivez-moi, je vais vous montrer la chambre principale.»

★

C'est la première fois que je rencontre Donald Trump en personne. C'est plus fort que moi, je profite de l'occasion pour examiner sa coiffure, qui semble défier à la fois les années et la gravité. Confirmé : il n'y a pas la moindre trace de gris parmi les cheveux blonds de cet homme de 51 ans. Suspect. Très suspect.

Il ne semble pas non plus y avoir de calvitie apparente sous la longue mèche couvrant son crâne de l'avant vers l'arrière et tenue en place par une quantité industrielle de fixatif. Il y a quand même anguille sous… toison.

L'histoire est racontée par Harry Hurt dans *Lost Tycoon*, une biographie non autorisée de Donald Trump parue en 1993. Elle se déroule pendant la procédure en divorce intentée par Ivana Trump contre son mari infidèle, en 1990. Lors d'une déposition sous serment, l'ancien mannequin tchèque accuse le père de ses trois enfants de l'avoir violée un soir de 1989 pour la punir de lui avoir recommandé un chirurgien qui l'aurait trop fait souffrir en réalisant une chirurgie du cuir chevelu afin de réduire sa calvitie. Le lendemain matin, en voyant sa femme sangloter, Donald Trump s'arrête devant elle et lui demande sur un ton à la fois désinvolte et menaçant, selon la déposition d'Ivana : « Est-ce que ça fait mal ? »

Après la parution de *Lost Tycoon*, Donald Trump ne se contentera pas de nier avoir violé sa femme. Il contestera également avoir subi une telle chirurgie du cuir chevelu. Non mais…

★

C'est la première fois que je rencontre Donald Trump en personne, mais j'ai l'impression de le connaître déjà sous toutes ses coutures. Après tout, vivre à New York, c'est aussi partager, par l'entremise des médias et notamment des tabloïds de la ville, tous les hauts et les bas de la vie de ce milliardaire autoproclamé.

Et cela inclut justement ce qui se passe dans sa chambre à coucher.

«BEST SEX I EVER HAD!» En entrant dans la chambre principale du nouveau *penthouse* de Donald Trump, je ne peux pas m'empêcher de penser à la célèbre manchette publiée à la une du *New York Post*, le 16 février 1990. Elle immortalisait le verdict de Marla Maples, ancienne reine de beauté de l'État de la Géorgie, concernant ses premiers ébats amoureux avec son «Don Juan», qui était encore marié avec Ivana.

Le lendemain, «The Georgia Peach», le succulent surnom dont les tabloïds l'avaient vite affublée, niait avoir vanté en ces termes les prouesses sexuelles de Donald Trump. Ce dernier, au prix d'un effort quasi surhumain pour se retenir de pavoiser, fournissait de son côté un démenti qui lui avait sans doute été imposé par son avocat: «Je n'ai jamais trompé Ivana.»

La pauvre Ivana connaissait trop bien la vérité. Quelques semaines plus tôt, au sommet d'une piste de ski d'Aspen, au Colorado, elle avait apostrophé Marla Maples en lui intimant l'ordre de ne plus troubler la paix de son mariage. Selon des témoins cités avec délectation par les tabloïds new-yorkais, elle termina son boniment sur ces mots: «Reste éloignée de mon mari, salope!»

Peine perdue.

★

Or, sept ans plus tard, rien ne va plus entre Donald et Marla. Lorsqu'il évoque les aspects de sa vie où il est n'est «pas gâté», le promoteur immobilier pense sans doute à sa séparation récente d'avec sa deuxième femme après seulement quatre ans de mariage. Mais ce n'est pas pour étaler ses états d'âme qu'il a invité des correspondants étrangers dans sa nouvelle tour, en ce 11 octobre 1997.

Donald Trump, quasiment lessivé par le krach immobilier du début des années 1990, veut annoncer au monde entier qu'il est de retour. Il le dit aujourd'hui à des représentants de la presse internationale et il le répétera dans un livre à paraître le mois prochain, intitulé *Trump: The Art of the Comeback*.

«Nous espérons que le livre se hissera au premier rang de la liste des best-sellers, dit-il. Mes deux premiers livres ont été numéro un, pourquoi celui-ci ne le deviendrait-il pas? Il est encore meilleur que les précédents.»

Les détracteurs «du Donald» ne manqueront pas de lever les yeux au ciel en lisant cette énième vantardise. Donald Trump a personnifié à leurs yeux les excès des années 1980, décennie de la cupidité, du clinquant et des obligations pourries. Avec le sans-gêne et le bagout d'un vendeur de voitures usagées de Queens, son arrondissement natal, il a réussi à convaincre les banquiers de New York de financer ses mille et un projets, dont la construction de la Trump Tower, monument érigé à sa propre gloire sur la 5e Avenue, et l'acquisition à prix fort de l'auguste Plaza Hotel où Marylin Monroe avait l'habitude de recevoir ses amants, y compris John F. Kennedy.

Il s'est aussi offert un yacht de 85 mètres – le *Trump Princess* –, un Boeing 727, un hélicoptère, un domaine en Floride et un transporteur aérien – le Trump Shuttle –, entre autres. Insatiable, il a même flirté en 1987 avec l'idée de briguer la présidence, ne serait-ce que pour générer encore plus de publicité.

Fils d'un promoteur immobilier qui n'avait jamais osé brasser des affaires à l'extérieur de Queens ou de Brooklyn, Donald Trump rêvait de rivaliser avec les grands de l'immobilier à Manhattan et de se faire accepter par l'élite new-yorkaise. Malgré l'échec de ce rêve, le parvenu est devenu une des célébrités préférées des tabloïds et, partant, du monde ordinaire.

Mais, il y a laissé des plumes. Il s'est retrouvé, au début des années 1990, avec des dettes de 900 millions de dollars. Acculé à la faillite, il a dû se soumettre à un plan de sauvetage draconien et sans doute humiliant. Ses banquiers l'ont forcé à vendre son yacht, son 727, le Trump Shuttle et le Plaza Hotel.

Il a aussi dû transformer ses casinos d'Atlantic City – les Trump Taj Mahal, Trump Plaza et Trump's Castle – en société publique.

« En 1991, c'était gênant de dire qu'on était dans l'immobilier à New York », dit Trump aux correspondants étrangers qui l'entourent dans son nouveau *penthouse* de Manhattan. « Mais, depuis 1996, New York est le meilleur endroit au monde pour brasser des affaires. Tout le monde veut être à New York. Le marché immobilier est encore plus *hot* que dans les années 1980. Et je pense que la tour où nous nous trouvons aujourd'hui est le symbole de ce dynamisme.»

Mais ce «symbole» n'appartient pas à Donald Trump. Son entreprise assure la gestion et la promotion du Trump International Hotel & Tower mais pas son financement, dont s'est chargée la société General Electric. «Tout est occupé depuis l'ouverture officielle», dit Trump en parlant des 167 suites et des 158 condominiums de la tour. «Toutes les stars s'y arrêtent. Les Rolling Stones, Elton John, Mike Tyson, nommez-les.»

La Trump Organization est impliquée en vertu d'un arrangement semblable dans plusieurs autres projets new-yorkais, dont 18 immeubles en construction le long de l'Hudson River. «Mes affaires n'ont jamais été aussi florissantes», dit Donald Trump en invitant les journalistes à jeter un coup d'œil à l'énorme chantier, visible de la fenêtre. Sur le même site, Donald Trump a déjà rêvé de construire «le plus haut gratte-ciel au monde». Il y a un nom pour ce genre d'ambition.

Mais je me rassure: cet homme ne pourra jamais devenir président des États-Unis. Surtout pas avec ses histoires de femmes.

4

« Je veux haïr ces meurtriers »

La Trump Tower se dresse à l'angle de la 57e Rue et de la 5e Avenue, à deux pas de l'entrée sud-est de Central Park, joyau vert de Manhattan. Mon tout premier appartement new-yorkais est sis au 1275, Avenue Madison, près de la 110e Rue, à un pâté de maisons de l'entrée nord-est de Central Park. Entre les deux, il y a un monde de différence que le propriétaire du gratte-ciel de verre et d'acier regarde de très haut.

Quant à moi, je pense au *Petit Poucet* chaque fois que je sors de la bouche de métro pour rentrer dans mon nouveau chez-moi, où je viens de m'installer en ce mois d'août torride de 1990. De l'Avenue Lexington à l'Avenue Madison, le trottoir de la 110e Rue est jonché de petites fioles de crack vides et de leurs capuchons orange. Je n'en ai pas besoin pour retrouver mon chemin, mais ces fioles et ces capuchons semblent me guider vers l'immeuble de six étages où se trouve mon appartement. J'en découvre toujours un petit amoncellement devant la porte d'entrée d'un des appartements du troisième étage derrière laquelle vit une jeune mère droguée avec deux enfants d'âge scolaire.

Je développe vite de nouvelles habitudes. Tôt le matin, je quitte mon appartement pour aller chercher les journaux à la *bodega* du coin, qui est séparée de mon immeuble par un dispensaire de méthadone. Pour m'y rendre, je dois me frayer un chemin parmi les clients qui attendent sur le trottoir l'ouverture de la clinique pour avaler leur dose quotidienne et passer une journée à peu près normale dans la fournaise new-yorkaise. Ça ne doit pas être facile. Autour de la bouche de métro de la 110e Rue, des hommes fébriles susurrent aux passants : « *Works, works, works.* » Ils vendent aux héroïnomanes des seringues et des aiguilles plus ou moins propres.

Dans East Harlem, quartier peuplé de Portoricains et d'Afro-Américains, il n'y a aucun café digne de ce nom où s'installer et lire tranquillement le *New York Times* et les tabloïds locaux – les *Post*, *Daily News* et *Newsday*, dont les unes reflètent la violence quotidienne d'une ville qui finira l'année avec 2 245 homicides, un record. Les journaux sous le bras, je retourne donc dans mon immeuble dépourvu d'ascenseurs et j'entreprends la montée des escaliers menant à mon appartement situé au cinquième étage. Parfois, je dois redescendre après avoir réalisé que j'ai oublié le lait pour mon café. Je suis en bonne forme.

Et je n'ai pas peur. Amy, ma colocataire, me donne du courage. Si une danseuse blanche d'Atlanta peut survivre dans ce quartier miné par le commerce de la drogue, il n'y a aucune raison pour laquelle je ne puisse pas faire de même. D'autant que ma peau de Métis me permet de passer pour un gars du coin. «Il suffit de donner l'impression de savoir où tu t'en vas pour avoir la paix dans la rue», m'a dit Amy à mon arrivée.

Le cerbère planté derrière la porte d'entrée de mon immeuble me fournit une autre raison de me sentir en sécurité. Un bâton de baseball à portée de la main, il surveille les allées et venues des habitués d'un bureau de paris situé dans un local du rez-de-chaussée. Des gens du quartier, passés la quarantaine pour la plupart, y viennent pour miser sur les «chiffres du jour», une des loteries illégales qui font partie du folklore de Harlem.

La police doit bien se douter de ce qui se passe derrière la porte d'entrée de mon immeuble, mais elle n'intervient pas. On m'explique que personne ne porte plainte. Il faut dire que le cerbère est aussi intimidant que rassurant.

«Nous vivons dans l'un des immeubles les plus sûrs du quartier», me répète Amy. Bref, je suis heureux. Je ne suis pas un touriste. J'entreprends une nouvelle vie à New York en me mesurant à l'un de ses quartiers les plus rêches.

L'Empire State Building et la statue de la Liberté, très peu pour moi.

★

Les deux tours de la Schomburg Plaza s'élèvent à l'angle de la 110e Rue et de la 5e Avenue, à un pas de mon nouvel appartement. Surplombant un terrain vague et des immeubles abandonnés, le complexe d'habitations à loyer modique abrite trois des «cinq de Central Park», nom donné aux adolescents accusés du viol et de la tentative de meurtre d'une joggeuse blanche de 28 ans à Central Park, en avril 1989.

Ces trois-là – Raymond Santana, 14 ans, Yusef Salaam, 15 ans et Antron McCray, également 15 ans – sont les premiers à subir leurs procès dans cette affaire qui révulse New York et met à nu les peurs et les divisions raciales de ses habitants. Depuis la première semaine d'août 1990, ils attendent que le jury multiracial se prononce.

À la fin d'une autre journée de délibérations sans verdict, je les vois descendre d'une camionnette blanche devant la Schomburg Plaza. Le pasteur noir Al Sharpton les accompagne. Il les a aidés à obtenir l'argent pour leur mise en liberté sous caution. Il organise des manifestations quotidiennes devant le tribunal de Manhattan où se déroule le procès. Il dénonce une justice raciste qui a cherché à venger l'agression sauvage d'une Blanche en accusant injustement des adolescents de couleur. Il accuse l'ami de cœur de la joggeuse d'être le vrai coupable. Il traite même de «putain» la victime. Laissée pour morte dans un ravin de Central Park après avoir été battue avec une pierre, Trisha Meili, employée d'une banque de Wall Street, ne gardera aucun souvenir de l'agression au sortir d'un coma de 12 jours.

J'ai l'impression de me retrouver dans les pages d'un roman de Tom Wolfe, l'auteur du *Bûcher des vanités*. Sauf qu'Al Sharpton n'est plus seulement l'inspirateur d'un des personnages romanesques de Wolfe. Avec ses propos incendiaires, il menace de faire sauter la poudrière de New York. Quelques semaines après l'inculpation des «cinq de Central Park», Joe Klein, journaliste réputé de l'hebdomadaire *New York*, a bien illustré la nervosité ambiante en prédisant que le nouveau film de Spike Lee, *Do the Right Thing*, allait provoquer des émeutes.

Mais l'influence d'Al Sharpton ou de Spike Lee sur le climat de New York ne rivalise pas avec celle du propriétaire de la Trump Tower. Après l'agression de la joggeuse blanche, le maire de la ville, Ed Koch, appelle ses concitoyens à ne pas céder à la haine et à la rancœur.

Donald Trump restera sourd à cet appel.

★

«Le maire Koch a déclaré que la haine et la rancœur devaient être retirées de nos cœurs. Je ne le pense pas. Je veux haïr ces agresseurs et meurtriers. Ils devraient être forcés à souffrir et, quand ils tuent, ils devraient être exécutés pour leurs crimes. Ils devraient servir d'exemples afin que les autres y pensent deux fois avant de commettre un crime ou un acte de violence. Oui, maire Koch, je veux haïr ces meurtriers [...] Je ne cherche pas à les psychanalyser ou à les comprendre.

Je cherche à les punir. Si le châtiment est fort, ces attaques contre des personnes innocentes cesseront. [...] Je veux qu'ils comprennent notre colère. Je veux qu'ils aient peur.»

Donald Trump écrit ces mots enflammés dans une annonce pleine page qu'il fait paraître dans le *New York Times* et les tabloïds locaux. «Ramenez la peine de mort. Ramenez notre police», peut-on lire dans le titre qui coiffe son texte.

Il importe peu au promoteur immobilier que la peine de mort ne puisse être appliquée à des adolescents de 14 ou 15 ans. Il lui importe peu d'attiser la haine que plusieurs New-Yorkais, encouragés par les médias, éprouvent pour «les cinq de Central Park». En fait, c'est ce qu'il semble rechercher.

Quinze mois plus tard, le procès de Raymond Santana, Yusuf Salaam et Antron McCray prendra fin sans que soit présentée une seule preuve matérielle établissant leur culpabilité. Qu'à cela ne tienne: les procureurs du district de Manhattan appelleront les jurés à condamner les trois adolescents sur la foi de leurs confessions filmées. Ceux-ci ont rapidement rétracté ces confessions en affirmant avoir été manipulés par les policiers. Aucun d'eux n'a avoué avoir violé ou battu la joggeuse, mais tous se sont accusés mutuellement de l'avoir fait au cours d'une soirée de *wilding*, mot qui a fait son apparition dans les médias new-yorkais au surlendemain du drame.

Ce soir-là, ils étaient une quarantaine d'adolescents à se comporter comme des «sauvages» dans Central

Park, bousculant, volant ou agressant neuf promeneurs, joggeurs ou cyclistes qui prenaient l'air. Le ou les suspects du viol et de la tentative de meurtre de la joggeuse blanche se trouvaient vraisemblablement parmi eux. Mais s'agissait-il vraiment des «cinq de Central Park»?

Après dix jours de délibérations, le jury rend son verdict. Ignorant les incohérences de l'enquête, l'absence d'analyses d'ADN concluantes et les erreurs de procédure, il déclare les trois adolescents coupables de viol et d'agression.

«Justice a été rendue», déclare le procureur du district de Manhattan, Robert Morgenthau, après l'annonce du verdict qui vaudra aux trois adolescents de cinq à dix ans de prison (les deux autres connaîtront un sort semblable lors de leur procès).

En 2002, ce même Morgenthau retirera les accusations contre «les cinq de Central Park» et recommandera l'annulation de leurs condamnations. Il agira ainsi après la confession de Matias Reyes, un violeur en série qui a reconnu être l'auteur de l'agression de Trisha Mieili. Les seuls échantillons d'ADN retrouvés sur le corps de la victime sont bel et bien les siens.

Mais Morgenthau ne s'arrêtera pas à l'aveu de Reyes pour justifier son revirement dans cette affaire. Après une révision exhaustive du dossier, il reviendra également sur les confessions des adolescents. Il déplorera leurs contradictions et invraisemblances concernant «presque tous les aspects majeurs du crime». Il n'ira pas jusqu'à accuser les policiers d'avoir soutiré aux suspects de fausses confessions, mais cette conclusion s'imposera d'elle-même.

Suivra une longue bataille judiciaire qui permettra aux «cinq de Central Park» de recevoir de la Ville de New York, en juin 2014, une indemnisation de 41 millions de dollars.

Donald Trump ne manquera pas de s'en indigner.

★

«Il a dit que c'était l'un des plus grands vols de l'histoire de New York. Il nous traite aujourd'hui de voleurs après nous avoir qualifiés de meurtriers. Ça prouve juste une chose: cet homme n'est pas digne d'être président.»

Avec sa barbichette noire, son crâne rasé et sa forte carrure, Raymond Santana ne ressemble plus à l'ado maigrichon que j'ai aperçu devant les tours de la Schomburg Plaza, en août 1990. Je le rencontre en janvier 2016 dans les locaux new-yorkais du Innocence Project, une association d'aide juridique qui a contribué à la remise en liberté de plus de 300 victimes d'erreurs judiciaires aux États-Unis depuis 1992 grâce aux tests d'ADN.

Il se souvient très bien du commentaire de Donald Trump après l'annonce de l'indemnisation versée aux «cinq de Central Park». Et il constate que le promoteur immobilier refuse toujours d'admettre la moindre erreur dans ce dossier. En fait, Donald Trump, désormais favori dans la course à l'investiture républicaine pour la présidence, vient d'en remettre une couche dans une déclaration sur CNN.

«Ils ont admis qu'ils étaient coupables», a-t-il dit en faisant référence aux «cinq de Central Park». «Les policiers qui ont mené l'enquête originale ont dit qu'ils étaient coupables. Le fait qu'ils aient été exonérés avec autant de preuves contre eux est scandaleux.»

Raymond Santana hoche la tête en pensant à la dernière sortie du candidat républicain. «Ça me trouble, et pas seulement à cause de mon cas, dit-il. Une personne qui aspire à la présidence devrait être capable de démontrer de la compassion et de la contrition après avoir commis une erreur. Ce n'est pas difficile de dire: "J'ai eu tort, je suis désolé." Mais il en est incapable. Et le fait que personne ne lui en tienne rigueur aujourd'hui en dit long sur la société.»

Mais Raymond Santana demeure confiant. Après avoir purgé huit ans de prison pour un crime dont il a plus tard été exonéré, il consacre une partie de ses temps libres à militer au sein du Innocence Project et à rencontrer des jeunes à risque. Il est persuadé que Donald Trump ne parviendra pas à convaincre l'ensemble des Américains de l'élire à la présidence.

«Il passe pour un gars qui dit ce qu'il pense vraiment et les gens aiment ça, dit-il. Mais tout ça n'est qu'un écran de fumée. Il exploite les peurs des gens. Il dit qu'il va annihiler l'État islamique. Mais quel est son plan? Il n'a pas de plan. Quand les gens vont s'en rendre compte, tout va s'écrouler pour lui.»

5 Le Coran et la Constitution

Un responsable du journal ne tardera pas à me contacter. Sur mon fil Twitter, en ce dimanche matin de juin 2016, un sujet domine tous les autres: la tuerie du Pulse, la boîte de nuit gaie d'Orlando, en Floride, où 50 personnes ont été abattues quelques heures plus tôt. C'est la pire fusillade de toute l'histoire des États-Unis. Et il pourrait s'agir de l'attaque terroriste la plus meurtrière en sol américain depuis les attentats du 11 septembre 2001.

À 7 h 47, je reçois un courriel du directeur de l'information de *La Presse*. «On est en train d'évaluer nos options pour aller à Orlando. Si on a un *go*, serais-tu disponible?» me demande-t-il. Deux minutes plus tard, après avoir consulté ma femme, je lui réponds par l'affirmative. «Merci pour la réponse rapide. Je te reviens à 8 heures.»

L'adrénaline me pousse aussitôt à l'action. Sans attendre de recevoir la confirmation de mon départ, je commence à faire ma valise. Et je repense à tous ces assauts, attentats et tueries que j'ai couverts au fil des ans aux États-Unis après avoir reçu du journal un appel téléphonique ou un courriel semblable: «Serais-tu disponible?»

Je l'étais pour Waco, au Texas (82 morts dans l'incendie de la ferme où les disciples de la secte des Davidiens s'étaient retranchés avec leur gourou, David Koresh, et au moins 150 armes à feu illégales pour résister à l'assaut des agents du FBI, le 19 avril 1993).

Je l'étais pour Oklahoma City (168 morts dans l'attentat à l'explosif contre un édifice fédéral dont l'auteur, Timothy McVeigh, vétéran de la guerre du Golfe et milicien d'extrême droite, cherchait à venger les victimes de Waco, le 19 avril 1995).

Je l'étais pour Columbine (15 morts dans la tuerie à l'école secondaire de la banlieue de Denver fréquentée par les assassins, Eric Harris et Dylan Klebold, qui finirent par se donner la mort, le 20 avril 1999).

Je l'étais pour Oak Creek (huit morts lors d'une fusillade perpétrée dans un temple sikh du Wisconsin par Wade Michael Page, ancien combattant et sympathisant de groupuscules néonazis, abattu par la police, le 5 août 2012).

Je l'étais pour Newtown (28 morts, dont 20 enfants, dans la tuerie de l'école élémentaire Sandy Hook, dont l'auteur, Adam Lanza, s'enleva la vie le 14 décembre

2012, après avoir commencé la journée en tuant sa mère, collectionneuse d'armes à feu).

Je l'étais pour Washington (13 morts dans la fusillade du Washington Navy Yard, incluant le tireur, Aaron Alexis, ancien réserviste de la Navy, qui tomba sous les balles d'un policier, le 16 septembre 2013).

Je l'étais pour Charleston (neuf morts dans la tuerie d'une église épiscopale de la communauté noire où le tireur, Dylann Roof, jeune suprémaciste blanc, avait été accueilli à bras ouverts, le 17 juin 2015).

Je l'étais pour San Bernardino (14 morts dans un attentat commis par Syed Rizwan Farook et Tashfeen Malik, deux partisans du groupe État islamique, dans un centre de services sociaux, le 2 décembre 2015).

Mais je ne l'étais pas pour New York, ma ville d'adoption, le jour où des avions de ligne s'encastrèrent dans les tours du World Trade Center…

★

Sa voix me hérisse. À la télévision ou sur Twitter, des commentateurs, mâles et conservateurs pour la plupart, n'hésitent pas à critiquer celle d'Hillary Clinton, la trouvant trop forte, trop stridente, trop caquetante. Ils ont droit à leur opinion, qui est souvent qualifiée de sexiste sur ce sujet. Moi, c'est la voix de Donald Trump que je trouve pénible à l'oreille. Est-ce dû à son accent de Queens, à son ton parfois grinçant ou à ses exagérations grossières qui font surgir dans ma tête l'image d'un vendeur de voitures d'occasion sans scrupules?

Une chose est sûre: je préfère lire la transcription de ses discours plutôt que de l'écouter en direct.

Mais il n'en est pas question en ce 13 juin 2016: au lendemain de la fusillade d'Orlando, Donald Trump prononce une allocution attendue. Il se trouve à Manchester, au New Hampshire, un des États clés de l'élection présidentielle. Je l'écoute à la radio, assis dans ma voiture de location, non loin du lieu de l'attentat dont l'auteur a été identifié – il s'agit d'un autre sympathisant de l'État islamique, Omar Mateen, né à New York il y a 29 ans de parents originaires d'Afghanistan.

Le candidat républicain ne s'autofélicite pas d'«avoir eu raison sur le terrorisme islamiste radical», comme il l'a fait la veille sur Twitter, avant d'ajouter: «Je ne veux pas des félicitations, je veux de la fermeté et de la vigilance.» Il ne reprend pas non plus ses insinuations du matin même concernant Barack Obama. «Ou bien il ne comprend pas, ou bien il comprend mieux que tout le monde», a-t-il dit sur Fox News.

Mais il retrouve le ton vindicatif qui avait été le sien après la fusillade de San Bernardino, y voyant sans doute une occasion de relancer une campagne qui connaît des difficultés. Pas question de montrer la moindre retenue dans un contexte grave et tragique, ou même d'attendre ne serait-ce qu'une autre journée avant de reprendre le combat politique. À Manchester, Donald Trump enfourche le thème de la xénophobie qui l'a si bien servi au cours de la primaire républicaine. Et il invente de nouveaux mensonges, accusant notamment Hillary Clinton de vouloir accueillir des «centaines de milliers de réfugiés du Moyen-Orient sans mettre en place de système pour les contrôler et empêcher la radicalisation des enfants».

«Quand je serai élu, je suspendrai l'immigration issue de zones du monde qui ont un passé démontré de terrorisme contre les États-Unis, l'Europe ou nos alliés, jusqu'à ce que nous comprenions pleinement comment mettre fin à ces menaces», dit-il, tout en promettant de mettre fin à l'accueil des réfugiés de Syrie et d'Afghanistan.

Il ne s'arrête pas pour souligner qu'Omar Mateen a vu le jour dans sa ville natale. En fait, il étend ses soupçons à tous les musulmans des États-Unis qu'il accuse de ne pas avoir dénoncé les accointances du tueur avec l'islam radical.

Il ne s'arrête pas non plus pour noter la facilité avec laquelle Mateen a pu s'acheter, en toute légalité, une arme de poing et un fusil semi-automatique AR-15. Il ne s'émeut pas que l'AR-15 soit devenu l'arme préférée des tueurs de masse, de James Holmes à Adam Lanza en passant par les tireurs de San Bernardino qui ont massacré des innocents au nom de l'État islamique. Il ne lui vient pas à l'idée de réclamer l'interdiction de la vente de ces fusils d'assaut qui permettent de multiplier les victimes lors d'un attentat terroriste. Ou, si l'idée lui traverse l'esprit, il se garde bien de l'exprimer de peur, sans doute, de se mettre à dos la National Rifle Association (NRA), l'influent lobby des armes à feu qui lui a apporté son soutien.

Il n'ose même pas s'interroger à haute voix sur une des incongruités de la loi de la Floride sur les armes à feu. Celle-ci ne prévoit aucune période d'attente entre l'achat et la livraison des armes à feu qui nécessitent deux mains, comme l'AR-15. Pour une arme de poing, la période d'attente est de trois jours.

Mais il s'étend longuement sur la dimension sémantique du combat contre le djihadisme radical. Comme plusieurs tenants de la droite américaine, il s'indigne que Barack Obama et Hillary Clinton soient réfractaires aux expressions «terrorisme islamiste radical» ou «islam radical».

«Je ne sais pas si vous savez cela, dit-il à Manchester, mais quelques semaines seulement avant le massacre de San Bernardino, car il s'agissait bien d'un massacre, Hillary Clinton a expliqué son refus de prononcer les mots "islam radical". Voici les mots exacts qu'elle a utilisés: "Les musulmans sont des gens pacifiques et tolérants, ils n'ont rien à voir avec le terrorisme." C'est Hillary Clinton. Donc, elle dit que la solution est d'interdire les armes à feu. Ils ont essayé ça en France, où les lois les plus strictes du monde sur les armes à feu ont été adoptées, et 130 personnes ont été assassinées de sang-froid par des terroristes islamiques. Son plan est de désarmer les Américains qui obéissent aux lois et de laisser les armes seulement aux sales types et aux terroristes.»

★

J'éteins la radio. Deux expressions me viendront plus tard à l'esprit: «fondamentalisme constitutionnel» et «complicité de terrorisme». S'il est important de nommer les choses, pourquoi ne pas le faire également pour parler de phénomènes qui contribuent à la mort d'un nombre d'Américains infiniment plus grand que l'« islam radical » ou le « terrorisme islamiste radical » ? (De 2005 à 2015, le terrorisme sous toutes ses formes a fait 71 victimes aux États-Unis, alors que les armes à feu ont tué 301 797 Américains, selon le site de vérification des faits PolitiFact.)

C'est une évidence : la Constitution des États-Unis, telle qu'adoptée par les Pères fondateurs en 1787, est imparfaite. Elle a notamment dû être amendée pour abolir l'esclavage, accorder la citoyenneté et l'égalité des droits aux Noirs et donner le droit de vote aux femmes, entre autres.

L'interprétation de la Constitution est elle-même changeante. Le deuxième amendement, qui garantit aujourd'hui à tout citoyen américain le droit de posséder et de porter des armes à feu, en est la meilleure illustration. Je le cite, pour mémoire : « Une milice bien organisée étant nécessaire à la sécurité d'un État libre, il ne pourra être porté atteinte au droit du peuple de détenir et de porter des armes. »

De son adoption, en 1791, jusqu'aux années 1970, tous ceux que la question intéressait – professeurs de droit, juges et politiciens – s'entendirent sur une interprétation de cet amendement. Le texte ne fut pas écrit pour protéger le droit des citoyens de porter des armes, mais pour garantir celui des États de mobiliser des milices, ces anciennes unités de défense citoyennes. Près de 200 ans plus tard, l'amendement semblait aussi désuet que le troisième, qui énonce notamment : « Aucune troupe ne pourra, en temps de paix, être cantonnée dans une maison privée, sans l'autorisation de son propriétaire.»

Mais les assassinats de Martin Luther King, figure emblématique du mouvement des droits civiques, et de Robert Kennedy, frère de JFK et candidat à l'investiture du Parti démocrate pour la présidence, marquent un tournant en 1968. Ils contribuent à l'adoption de lois sur le contrôle des armes, lesquelles incitent la NRA, regroupement de chasseurs et de tireurs récréatifs, à proposer une nouvelle interprétation du deuxième amendement.

Pour la NRA, le droit de s'armer n'est plus conditionné à l'appartenance à une milice. Il existe en soi et permet à tout citoyen de posséder une arme pour l'autodéfense. Armé de cette nouvelle interprétation, le lobby se met à soutenir les politiciens qui appuieront sa cause. Celle-ci connaîtra le 26 juin 2008 son plus grand triomphe. Ce jour-là, la Cour suprême des États-Unis, par cinq voix contre quatre, finira par donner raison à la NRA et à ses alliés, déclarant inconstitutionnelle une loi de la capitale fédérale qui interdit les armes de poing. Tout en décrétant que le deuxième amendement garantit bel et bien «le droit individuel de posséder et de porter des armes en cas de confrontation», l'auteur de la décision majoritaire, le juge ultraconservateur Antonin Scalia, prend soin de préciser que ce droit, «comme la plupart des droits», peut être soumis à des restrictions. Mais le temps des nuances est révolu.

Car la décision de la Cour suprême ne confirme pas seulement une nouvelle interprétation du deuxième amendement. Elle fait également naître un nouveau fondamentalisme constitutionnel. Il suffit désormais à la NRA et à ses alliés politiques d'invoquer le deuxième amendement pour justifier les positions les plus extrémistes en matière de contrôle des armes à feu.

Il n'est ainsi plus question d'interdire les fusils semi-automatiques de type militaire, qui servent à des tueurs de masse en proie à des troubles mentaux ou à la haine raciale ou religieuse.

Il n'est pas plus envisageable de prohiber les chargeurs de plus de dix balles qui permettent de massacrer le plus grand nombre d'innocents dans le laps de temps le plus court.

Il n'est même plus possible de promouvoir l'adoption d'un texte interdisant l'achat d'une arme à feu à un individu dont le nom se trouve sur une liste de personnes suspectes de terrorisme. Et ce, même si plus de 2 000 personnes figurant sur une telle liste ont acheté légalement au moins une arme à feu aux États-Unis de 2004 à 2014.

Oui, les euphémismes permettent d'escamoter une dure réalité : des musulmans dénaturent le Coran pour justifier le massacre d'infidèles.

Mais la bannière de la « liberté individuelle » dans laquelle se drape la NRA cache une autre réalité : Omar Mateen a pu s'armer jusqu'aux dents avec la plus grande facilité et en parfaite légalité pour perpétrer le pire acte terroriste en sol américain depuis les attentats du 11 septembre 2001.

« Complicité de terrorisme » : l'expression semble s'appliquer parfaitement au lobby des armes à feu et à ses alliés, dont Donald Trump.

6

À la frontière

Cheveux blonds coupés en brosse, yeux bleu clair, mâchoire carrée et moue dédaigneuse, l'agent du poste frontalier de Detroit me fait penser à un figurant dans un film de Leni Riefenstahl. Pour tout dire, il a l'air d'un nazi. Et je me demande si le regard qu'il porte sur moi est aussi lourd de préjugés que le mien sur lui. Si c'est le cas, je suis fait comme un rat.

— Où est votre billet de retour ? me demande-t-il après avoir mis de côté mon passeport canadien et mon billet de bus Montréal-Chicago.

— Je ne m'en suis pas encore procuré un.

— Pourquoi ?

— Je vais probablement prendre l'avion pour rentrer et je ne suis pas encore sûr de la date de mon retour.

— Combien de temps comptez-vous passer aux États-Unis ?

— Environ trois semaines.

— Combien d'argent avez-vous sur vous ?

— Environ 80 $. Mais ne vous inquiétez pas, j'ai une carte bancaire et des cartes de crédit. Je viens souvent aux États-Unis, vous savez. J'ai même vécu à New York. Je suis journaliste !

Sa moue passe du dédain à quelque chose qui ressemble à du mépris.

— Qu'allez-vous faire à Chicago ? me demande-t-il encore.

Quel idiot ! Ce n'est pas à l'agent frontalier que j'adresse intérieurement cette exclamation, mais à ma propre personne. Je suis retourné vivre à Montréal pendant quelques mois après avoir quitté mon premier appartement new-yorkais. Ayant traversé tant de fois la frontière canado-américaine au fil des années, je n'ai pas pensé une seule seconde que je pourrais m'attirer des ennuis en me présentant au poste frontalier de Detroit au milieu de la nuit avec un billet de bus aller simple. Quel imbécile !

Je n'ai surtout pas le goût d'expliquer à l'agent pourquoi j'ai choisi Chicago comme destination. C'est la ville où vit mon père biologique, que je n'ai vu qu'une seule fois dans ma vie alors que je célébrais mon premier anniversaire de naissance dans la maison de ma famille adoptive. Aussi bien dire que je ne le connais pas, sauf pour les photos de lui que ma mère biologique m'a refilées avec quelques souvenirs de leur relation. Figure parmi ceux-ci un livre dont la page de garde porte une note manuscrite évoquant la première rencontre à Montréal de ce jeune médecin originaire de Cap-Haïtien et de cette jeune infirmière née à Notre-Dame-de-Lourdes, près de Joliette. «Elle avait des cheveux couleur d'or et le sourire le plus gentil dont on puisse rêver», a-t-il écrit, neuf mois après avoir fait la connaissance de ma mère. Celle-ci est restée une présence continue dans ma vie malgré sa décision de me placer dans un orphelinat. Elle m'a également légué une lettre d'adieu que lui a adressée mon père et dans laquelle il se traite de «goujat».

Je m'en vais donc à Chicago pour rencontrer cet homme. Quelques semaines avant mon départ, je lui ai annoncé ma visite dans une lettre. Ma mère, qui a toujours suivi de loin l'évolution de sa vie grâce à des amis communs, m'a fourni son adresse. Je n'ai pas reçu de réponse. S'il a bien lu la lettre, j'imagine que ma visite ne l'enchante pas. Marié à une médecin d'origine haïtienne, il a eu avec elle trois filles qui ne savent probablement pas que j'existe. Je ne veux pas jouer les trouble-fêtes, loin de là. Je veux seulement avoir un contact d'homme à homme avec celui à qui je dois la vie. Mais je ne raconte rien de cela à l'agent frontalier.

— Je vais passer quelques jours à Chicago avant de me louer une voiture et explorer les Grandes Plaines, entre l'Illinois et le Wyoming aller-retour, lui dis-je en révélant une partie de la vérité.

— Tout seul?

— Tout seul.

— Pourquoi ?

— Je veux retracer la route des voyageurs canadiens-français qui ont participé à la traite des fourrures et à l'exploration de l'Ouest américain.

Je lis sur son visage le même air suspicieux qui m'a attiré des ennuis avec des agents frontaliers de pays qui ne peuvent imaginer qu'un Canadien français puisse me ressembler. À Chypre, cela m'a valu l'ordre de quitter l'île à bord du prochain bateau ; en Turquie, cela a mené à un long interrogatoire qui m'a fait penser un instant au film *Midnight Express*.

— Désolé, mais vous devez retourner à Windsor ce soir, finit par dire l'agent frontalier américain. Vous n'êtes pas autorisé à entrer aux États-Unis.

— Mais…

— Il y a un bus qui retourne à Windsor dans 30 minutes.

— Et si je reviens demain avec un billet aller-retour ?

— Si vous revenez demain, vous allez être refoulé.

— Pourquoi ?

— Faites-moi confiance, vous allez être refoulé.

Dans le bus qui me ramène à Windsor, je suis seul avec le conducteur et une passagère blanche au visage tuméfié et à la tenue débraillée. Je l'observe à la dérobée en faisant mien un autre stéréotype : cette femme est une prostituée qui a voulu fuir un proxénète violent aux États-Unis.

Mais, moi, de quoi ai-je l'air avec ma gueule de Métis ?

★

Je me retrouve dans une chambre d'hôtel, aux abords de Des Moines, capitale de l'État de l'Iowa, qui doit son nom à la présence d'une confrérie trappiste à l'embouchure de la rivière du même nom, à l'époque de la Louisiane française.

J'ai quitté la fournaise de Chicago après avoir réalisé qu'il se passerait encore quelques jours avant que je puisse joindre mon père au téléphone. Aussi bien commencer tout de suite à explorer les Grandes Plaines, me suis-je dit en me promettant de contacter le bon docteur en cours de route et de lui donner rendez-vous à mon retour dans sa ville d'adoption, dans deux ou trois semaines. En attendant, je me félicite d'être parvenu à entrer aux États-Unis. Cette fois-ci, l'agent frontalier, l'air moins nazi que l'autre, ne nous a pas fait descendre du bus, se contentant de monter à bord et de jeter un coup d'œil rapide à nos passeports.

Et me voilà dans cette chambre d'hôtel où, la veille, j'ai parlé pour la première fois de ma vie à mon père. Une conversation qui tenait plus du monologue que du dialogue.

— Docteur Richard?

— Lui-même. Qui parle?

— Richard Hétu. Je suis le fils de Lucille.

— …

— Avez-vous reçu ma lettre?

— …

— J'aimerais vous rencontrer.

— ...

— Êtes-vous à l'aise de me parler en ce moment?

— Non.

— Préférez-vous me rappeler demain matin à ma chambre d'hôtel?

— Oui.

— Je vous donne le numéro de téléphone où me joindre. Vous avez de quoi écrire?

— Oui.

Il est 10h30 et le téléphone n'a pas encore sonné. Je n'étais pas trop nerveux la veille en parlant à mon père au téléphone. Mais là, j'ai l'estomac noué. Et mon malaise s'accroît avec les minutes qui passent. Et s'il ne rappelle pas? Je ne lui ai jamais reproché de m'avoir, en fait, abandonné, et ce, pour diverses raisons dont l'une tient à une entente intervenue entre ma mère et lui. Mais je sais déjà que je ne ferai pas une autre tentative pour le rencontrer s'il ne donne pas suite à son engagement de m'appeler dans cette chambre d'hôtel.

À 11h30, le téléphone sonne. Le cœur battant, je décroche. Une voix de femme:

— Monsieur Hétu, ici la réception, avez-vous l'intention de passer une autre nuit avec nous?

Je réponds d'une voix étranglée:

— Je pars à l'instant.

Aussitôt dit, aussitôt fait. Et je me remets à rouler vers l'Ouest. Avant de passer de l'Iowa au Nebraska, je remonte pendant quelques jours le cours du Missouri, cette rivière qui permit aux membres de l'expédition de Lewis et Clark d'atteindre les Rocheuses lors de leur traversée du continent commandée par le président Thomas Jefferson, au début du XIXe siècle. Un jour, je m'arrête à l'embouchure de la rivière Platte, où la troupe campa le 21 juillet 1804. Deux des «engagés français» de l'expédition, Pierre Cruzatte et François Labiche, fils de commerçants de fourrures, connaissaient bien la région, y ayant vu le jour.

Lewis et Clark envoyèrent d'ailleurs Cruzatte, qui était à moitié omaha, et un autre «Français» de l'expédition, George Drouillard, à la recherche des Ottoes et des Pawnees pour inviter leurs chefs à parler avec eux. Ils voulaient «les informer du changement de gouvernement, du désir de [leur] gouvernement d'entretenir des rapports d'amitié avec eux, du but de [leur] expédition, et de [leur] désir de leur offrir un drapeau et de petits présents», selon le journal de Clark. Mais les Ottoes et les Pawnees brillaient par leur absence.

Cruzatte et Drouillard s'étaient sans doute évertués en vain à expliquer à Lewis et à Clark qu'ils s'étaient pointés au mauvais moment de l'année au confluent de la Platte et du Missouri pour y rencontrer les Ottoes et les Pawnees, vu que la chasse aux bisons battait son plein dans l'immense plaine où ondulent aujourd'hui sous le vent des champs de maïs à perte de vue.

Je quitte moi-même les rives du Missouri pour traverser le plat État du Nebraska et me rendre aux confins du Wyoming. Dans le nord-ouest de cet État cowboy, je découvre à mon tour la beauté sauvage du parc national Grand Teton, dont le nom rend hommage à sa plus haute montagne et à l'humour grivois des explorateurs canadiens-français qui le choisirent. Se forme alors dans ma tête l'idée d'écrire un livre sur ces voyageurs.

Le bonheur d'être Métis, c'est un peu celui-là – avoir plus d'un monde auquel s'identifier. Mais l'agent du poste frontalier de Detroit avait raison. Mes ennuis à la frontière canado-américaine ne faisaient que commencer.

7
Tel père, tel fils

Une topographie vallonnée. Des rues plantées de chênes. Des pelouses agrémentées d'arbustes et de fleurs. Des maisons de styles Tudor ou victorien. Des intersections ayant pour noms Eton et Somerset, Avon et Kent, Cambridge et Somerset. Non, je ne me promène pas dans un charmant village de la campagne anglaise. Je déambule dans un quartier new-yorkais appelé Jamaica Estates, enclave huppée de l'arrondissement de Queens où Donald Trump a grandi dans une imposante résidence à colonnades construite en 1948 par son père, Fred, et sise au 85-14 Midland Parkway.

À un pâté de maisons de là, je tombe sur Giovanni Manzella. L'entrepreneur en construction à la retraite profite d'une journée ensoleillée d'avril 2016 pour entretenir l'extérieur de sa propriété, beaucoup plus modeste que celle des Trump. Comme son nom l'indique, Giovanni n'a rien d'un lord anglais. Né en Sicile en 1924 et arrivé aux États-Unis 19 ans plus tard, cet arrière-grand-père pétant de santé parle encore l'anglais avec un accent à couper au couteau. Je dois parfois le faire répéter pour m'assurer que j'ai bien saisi ses propos.

À quelques jours des élections primaires de New York, Giovanni Manzella est aussi l'un des rares propriétaires de ce quartier aujourd'hui peuplé de professionnels à parler en bien des deux Trump, père et fils.

« C'était un gentilhomme et un homme de parole », dit-il au sujet du père décédé en 1999 et qui, à une autre époque, avait l'habitude de retenir ses services pour des travaux de construction.

— Il vous payait toujours ce qu'il vous devait ?

— Absolument ! Je vous l'ai dit, c'était un homme de parole.

— Et son fils ?

— Je n'ai jamais travaillé pour lui. En fait, je ne l'ai pas connu lorsqu'il vivait ici, mais il mérite d'être président.

— Pourquoi ?

— Il est honnête. Il ne fait pas cela pour l'argent, car il n'en a pas besoin. Il veut rendre à l'Amérique sa grandeur. Donnons-lui cette chance.

Bien qu'il soit lui-même un immigré, Giovanni Manzella ne se formalise pas des discours de Donald Trump sur les Mexicains ou les musulmans. « Un pays digne de ce nom doit défendre ses frontières », dit-il.

— Vous ne trouvez pas que Donald Trump va trop loin en traitant les clandestins en provenance du Mexique de criminels, de trafiquants de drogue et de violeurs ?

— Attention, il n'a pas dit qu'ils l'étaient tous !

Giovanni salue une voisine qui passe sur le trottoir en promenant son chien. Quand elle s'éloigne un peu, il murmure entre ses dents : « Celle-là, elle n'aime pas Trump. Elle dit qu'il est raciste. »

— Et Fred Trump, aurait-il approuvé les discours de son fils sur les Mexicains ?

— Certainement !

★

Je décide de ne pas interroger Giovanni sur les soupçons qui pèsent sur Fred Trump. Mais la question qui me brûle les lèvres est la suivante : « *Signor* Manzella, saviez-vous que le père de Donald Trump était peut-être du genre à revêtir les habits du Ku Klux Klan et à tabasser les immigrés italiens dans les années 1920 ou 1930 ? »

Retour en arrière : le 9 septembre 2015, le site Boing Boing déterre un article du *New York Times* publié le 1er juin 1927. On y fait état de l'arrestation d'un homme répondant au nom de Fred Trump et vivant à la même adresse que le père de Donald Trump durant sa jeunesse (174-25 Devonshire Road, Jamaica). Selon le *Times*, ce Fred Trump figure parmi sept hommes ayant été appréhendés l'avant-veille après une bataille opposant 1 000 membres du Ku Klux Klan et 100 policiers de New York dans le quartier Jamaica.

L'article du *Times* contient cette déclaration de Joseph Warren, chef de police de New York: «Les membres du Klan ne portaient pas seulement des robes, mais également des cagoules cachant presque complètement leur identité.»

Parenthèse: l'épisode illustre un fait méconnu de l'histoire américaine. Dans les années 1920, le Ku Klux Klan ne sévissait pas seulement dans les États du sud mais également dans les grandes villes du nord. Ainsi, en juillet 1924, pas moins de 20 000 *Klansmen* se réunirent sur les bords de l'Hudson, dans le New Jersey, pour mettre le feu à une croix et protester contre le gouverneur de New York, Al Smith, ce «papiste» qui aspirait à devenir le premier catholique à briguer la présidence sous la bannière d'un des grands partis américains. Smith dut cependant s'avouer vaincu au 103e tour de scrutin d'une convention démocrate tenue au Madison Square Garden et surnommée «Klanbake» par la suite en raison du rôle joué par le groupe suprémaciste blanc durant ces journées de chaleur caniculaire et de surchauffe politique.

Trois ans plus tard, 1 000 membres du KKK se mêlèrent au défilé traditionnel du Memorial Day dans le quartier Jamaica de Queens. La police de New York les avait avertis de ne porter ni robes ni cagoules. Non seulement les suprémacistes locaux désobéirent-ils à l'avertissement, mais ils profitèrent également de l'occasion pour dénoncer les assauts des «policiers catholiques de New York» contre les «protestants américains de souche». «La liberté et la démocratie ont été bafouées lorsque des protestants américains de souche ont osé s'organiser pour protéger un drapeau, le drapeau américain; une école, l'école publique; et une langue, la langue anglaise», pouvait-on lire dans des dépliants distribués avant le début du défilé, selon les journaux de l'époque.

La rixe entre policiers et membres du KKK éclata avant même le début du défilé, les premiers tentant d'empêcher les seconds d'y participer. Fred Trump se mêla-t-il à l'affrontement? Porta-t-il les habits du Klan ce jour-là? Les journaux new-yorkais de l'époque ne répondent pas à ces questions. Deux d'entre eux se contentent de préciser qu'il fut mis en détention «pour avoir refusé de quitter un défilé après en avoir reçu l'ordre». Représenté par le même avocat que les six autres personnes arrêtées, il fut libéré deux jours plus tard.

Âgé de 21 ans à l'époque, Fred Trump menait sa carrière d'entrepreneur immobilier depuis quelques années déjà. Mettant à profit l'argent hérité de son père décédé neuf ans plus tôt, il acheta des terrains vacants dans Queens surtout, et plus précisément dans le futur quartier de Jamaica Estates. C'est là qu'il allait construire ces maisons de styles Tudor et victorien qui donnent aujourd'hui l'illusion d'être transporté en Angleterre.

★

Fin septembre 2015, un journaliste du *New York Times* interroge Donald Trump sur sa jeunesse dans Queens.

En réponse à une question, le candidat républicain admet que son père a vécu sur Devonshire Road. Mais il nie la chose dès la question suivante.

— Complètement faux, proteste-t-il lorsque le journaliste du *Times* évoque l'arrestation d'un Fred Trump domicilié au 174-25 Devonshire Road, Jamaica, en 1927, après un défilé du Ku Klux Klan ayant presque tourné en émeute. Je sais que Devonshire Road existe, mais je ne pense pas que mon père ait jamais vécu sur Devonshire.

— Le recensement atteste qu'il a vécu là avec votre mère. Mais, peu importe, n'avez-vous jamais entendu parler de cette histoire ?

— Ça ne s'est jamais produit. Et, soit dit en passant, j'ai vu que c'était un petit site qui a dit cela. Ça ne s'est jamais produit. Et ils ont dit qu'il n'y avait pas eu d'accusation, rien. C'est injuste d'en faire état, honnêtement, car il n'y a pas eu d'accusation. Ils ont dit qu'il y avait eu des accusations contre d'autres personnes, mais il n'y a eu aucune accusation contre mon père. Complètement faux.

Selon la transcription de l'interview, Trump répète à plusieurs autres reprises le fait qu'aucune accusation n'a été déposée contre son père, tout en continuant de qualifier l'épisode de «complètement faux».

★

Mais quelle importance peut bien avoir ce vieil épisode nébuleux concernant le père de Donald Trump ? Après tout, l'arrestation de Fred Trump le 30 mai 1927 n'était peut-être qu'une erreur policière. Ce jour-là, il n'était peut-être qu'un spectateur innocent ou un des participants pacifiques et patriotiques du défilé du Memorial Day dans le quartier Jamaica.

N'empêche : un membre du KKK n'aurait pas renié les pratiques racistes dont Fred Trump et son fils Donald seront accusés dans les années 1970 et 1980. Racistes un jour, racistes toujours ?

Autre retour en arrière : en 1967, les 3 700 appartements de Trump Village, un complexe de logements de Brooklyn construit par Fred Trump, n'abritent que sept familles afro-américaines. Celles-ci n'ont pas été accueillies à bras ouverts. Elles ont dû se battre pour défendre leurs droits de louer un appartement dans un des immeubles bâtis par le père de Donald Trump avec l'aide financière du gouvernement fédéral. La Commission des droits de la personne de New York a déjà recueilli de nombreux témoignages faisant état des pratiques discriminatoires de Fred Trump envers les Noirs.

L'histoire de Maxine Brown remonte à 1963. L'infirmière de Harlem, âgée de 33 ans, veut louer un appartement dans un immeuble en construction de Fred Trump dans Queens. Elle présente en personne sa demande de location à un agent employé par le promoteur immobilier. Malgré les appels subséquents de Maxine Brown, l'agent refuse de donner suite à la demande.

L'infirmière comprend que la couleur de sa peau l'empêchera de signer un bail pour l'appartement qu'elle convoite. Elle est prête à lancer la serviette, mais une amie l'encourage à porter plainte à la Commission des droits de la personne qui la convoque avec Stanley Leibowitz, l'agent de location. Un commissaire demande à ce dernier d'estimer le nombre d'appartements loués par Fred Trump à des Noirs. La réponse de Leibowitz: «Zéro.» Nous sommes, faut-il le rappeler, en 1963.

Dix ans plus tard, le ministère de la Justice lance une poursuite contre Fred Trump, son fils Donald et leur compagnie, Trump Management Inc., les accusant d'avoir enfreint le Fair Housing Act, la loi fédérale de 1968 interdisant la discrimination dans le logement. Le ministère a mené sa propre enquête tout en fouillant les archives de la Commission des droits de la personne de New York et les plaintes déposées par les organisations de défense des droits civiques.

Donald Trump, qui travaille aux côtés de son père depuis le milieu des années 1960, se charge de la contre-attaque. Il retient les services de Roy Cohn, le bras droit du sénateur Joseph McCarthy pendant la chasse aux communistes des années 1950. Ce dernier accuse notamment le gouvernement fédéral de vouloir forcer ses clients à louer des appartements à des «assistés sociaux».

Or, selon le témoignage d'un ancien agent de location, les Trump veulent surtout éloigner les Noirs de leurs complexes d'habitation, peu importe leur situation financière. Cet ancien employé de Trump Management dit avoir reçu la consigne de greffer à toute demande présentée par un Noir une feuille de papier sur laquelle il devait écrire la lettre «C» pour *Colored*.

Dans les États du Sud, les affiches de l'ère ségrégationniste ont disparu. Mais, à New York, dans les complexes d'habitation construits et gérés par les Trump, le racisme érigé en système persiste : *No Colored Allowed.*

Au bout de deux ans d'un âpre combat juridique, les Trump finissent par signer avec le ministère de la Justice un décret de consentement par lequel ils s'engagent à procéder à la déségrégation de leurs complexes d'habitation, sans toutefois avoir à admettre leur culpabilité.

Ce ne sera pas la fin des démêlés des Trump avec le ministère de la Justice. Et ce ne sera pas la dernière fois où le fils de Fred Trump sera accusé de racisme.

DEUXIÈME PARTIE

Sexe, mensonges et terreur

8

L'*impeachment* d'un président

Je me précipite vers le quartier Greenwich Village, la tête remplie d'images et de mots confinant à la pornographie. Pendant près de quatre heures et demie, le 21 septembre 1998, les grandes chaînes de télévision américaines ont retransmis le témoignage de Bill Clinton devant un grand jury de Washington réuni par le procureur spécial Kenneth Starr, chargé d'enquêter sur l'affaire Monica Lewinsky.

Comme des dizaines de millions d'Américains, je viens d'entendre le président des États-Unis expliquer qu'il ne s'était pas parjuré, lors d'une déposition antérieure, en affirmant ne pas avoir eu de «relations sexuelles» avec l'ancienne stagiaire de la Maison-Blanche. Car la fellation n'entre pas dans sa définition tarabiscotée et intéressée des «relations sexuelles». Celles-ci impliquent, selon lui, la pénétration. J'ai aussi compris qu'il avait nié le témoignage de Mlle Lewinsky selon lequel il l'aurait masturbée dans une pièce attenante au Bureau ovale, en plus de lui caresser les seins.

Rien de cela n'est nouveau. Kenneth Starr, aussi zélé que l'inspecteur Javert des *Misérables*, a consigné tous les détails de la liaison entre Bill Clinton et Monica Lewinsky dans un volumineux rapport publié 12 jours plus tôt. De son côté, le président a fini par avouer au public américain, le jour même de ce témoignage livré le 17 août 1998, qu'il avait eu une «relation inappropriée» avec Monica Lewinsky.

Mais, comment les citoyens américains réagissent-ils à ce déballage inédit, à ce strip-tease humiliant, à cette torture politique à laquelle Kenneth Starr et les républicains de la Chambre des représentants ont cru bon soumettre le président américain en décidant de diffuser la vidéo quasi pornographique de son témoignage? Ma mission journalistique, en ce jour de septembre, est de trouver une réponse à cette question qui devrait peser sur la suite de ce feuilleton commencé en janvier. Car Kenneth Starr s'est appuyé en partie sur ce témoignage pour recommander à la Chambre l'ouverture d'une procédure en destitution contre Bill Clinton, qu'il accuse de parjure et d'entrave à la justice.

Greenwich Village n'est certes pas l'endroit idéal pour prendre le pouls de la population américaine. Le quartier préféré des membres de la «Beat Generation» et de la contre-culture se situe à gauche de pas mal tout ce qui bouge aux États-Unis. Mais il se trouve que Bill Clinton y prononcera son deuxième discours de la journée. Ce matin, à la tribune des Nations Unies, il a appelé la communauté internationale à s'unir pour combattre le terrorisme international, juguler la crise économique mondiale et stopper la prolifération nucléaire.

En fin d'après-midi, il s'adressera aux étudiants et aux professeurs de la Faculté de droit de l'Université de New York, située à deux pas du pittoresque Washington Square. Autour de l'édifice et dans les rues avoisinantes, plusieurs centaines de personnes sont massées derrière des barricades dans l'espoir de voir passer la limousine présidentielle.

Je parle à une douzaine de personnes, découvrant avec plaisir que bon nombre d'entre elles sont venues des quatre coins des États-Unis pour visiter New York. La plupart ont vu la retransmission de la vidéo du témoignage de Bill Clinton. Toutes, sans exception, reprochent à Starr et aux républicains de la Chambre d'avoir humilié leur président.

«J'éprouve de la colère du fait que la vie du président ait été mise à nu comme ça», déclare Betty Baldwin, une touriste du Tennessee, un État conservateur et religieux. «J'espère qu'il y aura un effet de ressac contre les républicains.»

Le mot «colère» revient dans la bouche de plusieurs personnes. Ken Johnson, un écrivain new-yorkais de 40 ans, l'utilise pour parler de la réaction de «toutes [ses] connaissances» à propos de l'affaire Monica Lewinsky, qui ne faisait pas partie du mandat original de Kenneth Starr. «Je pense que c'est un assaut contre la démocratie, dit Johnson. Les Américains devraient réaliser une chose: s'ils votent pour les démocrates en novembre prochain [à l'occasion des élections de mi-mandat], ils mettront fin à cette chasse aux sorcières.»

Bill Clinton est loin de recevoir l'absolution des gens à qui je parle. Plusieurs d'entre eux lui reprochent son comportement depuis ce jour de janvier où, agitant l'index devant la caméra, il a juré n'avoir jamais eu de relations sexuelles «avec cette femme, Mlle Lewinsky».

«Il a été stupide de ne pas tout admettre dès le début», dit Harry Shapiro, un retraité de Boca Raton, en Floride. «Il a commis la même erreur que Nixon. Il a tenté de camoufler l'affaire. Mais la vérité finit toujours par sortir. Les présidents n'apprennent jamais.»

★

S'il y a un effet de ressac contre les républicains, ce ne serait pas le premier depuis le début de la présidence de Bill Clinton. En novembre 1995, les républicains de la Chambre, menés par Newt Gingrich, avaient choisi de paralyser l'État fédéral pour arracher des concessions budgétaires au chef de la Maison-Blanche. Mais celui-ci avait fini par remporter ce bras de fer en dépeignant Gingrich et ses troupes républicaines comme des extrémistes prêts à tenir la population américaine en otage pour pouvoir sabrer les dépenses reliées à l'éducation, à la santé et à la protection de l'environnement.

Ô ironie: c'est pendant cette paralysie du gouvernement fédéral, en novembre 1995, que Monica Lewinsky est entrée pour la première fois dans le Bureau ovale pour livrer une pizza à Bill Clinton. Mais la jeune femme ne serait pas entrée dans l'histoire sans un zèle nourri par la droite républicaine et religieuse.

En août 1994, Kenneth Starr est devenu le deuxième procureur chargé d'enquêter sur le suicide de l'ancien conseiller juridique de la Maison-Blanche, Vince Foster, et sur l'affaire Whitewater dont le nom fait référence à un investissement dans l'immobilier des Clinton et de deux associés de l'Arkansas, Jim et Susan MacDougal, à la fin des années 1970. Starr remplaçait Robert Fiske, qui n'avait terminé que la première moitié de sa mission.

En octobre 1997, Starr est arrivé à la même conclusion que Fiske concernant la mort de Foster. Dans un rapport de 137 pages, il confirmait que ce confident d'Hillary Clinton s'était donné la mort dans un parc de la Virginie et que son suicide était dû principalement à une dépression non diagnostiquée ou non traitée. Conclusion qui n'allait cependant pas mettre fin aux théories de complot selon lesquelles Foster avait été tué parce qu'il en savait trop sur l'affaire Whitewater.

Mais l'enquête de Starr ne s'est limitée ni au suicide de Foster ni à l'affaire Whitewater. Le procureur spécial s'est également intéressé, parmi plusieurs autres affaires, à la plainte de harcèlement sexuel déposée contre Bill Clinton par Paula Jones, ancienne employée du gouvernement d'Arkansas. Et c'est au cours de ce détour incongru qu'il a découvert l'existence de Monica Lewinsky. Lors d'une déposition sous serment dans la cause de Jones, Clinton avait nié avoir eu une relation sexuelle avec l'ancienne stagiaire. Or, Starr avait reçu entre-temps des enregistrements de conversations téléphoniques entre Lewinsky et une collègue de travail, Linda Tripp, dans lesquelles Lewinsky évoquait notamment une robe bleue achetée chez Gap et entachée du sperme de Bill Clinton, robe qu'elle avait pris soin de ne jamais envoyer chez le nettoyeur.

Il n'en fallait pas plus à Starr pour qu'il se lance dans une inquisition surréelle de la vie sexuelle du président américain. Pour les partisans démocrates de Bill Clinton et plusieurs médias américains, l'affaire était entendue : Starr était un *political hit man* qui a fait une montagne des mensonges ordinaires concoctés par un homme somme toute ordinaire pour dissimuler une liaison ordinaire. Et si, en dernière analyse, le président devait être puni, la sanction la plus appropriée n'était pas une mise en accusation (*impeachment*) de la Chambre des représentants et encore moins sa destitution par le Sénat, mais une motion de censure.

★

L'effet de ressac contre Starr et les républicains commence à se manifester dès les premiers sondages publiés après la diffusion de la vidéo du témoignage de Bill Clinton devant le grand jury de Washington. Selon une enquête de la maison Gallup réalisée pour la chaîne CNN et le quotidien *USA Today*, 66 % des personnes interrogées continuent, d'une part, d'approuver l'action de Clinton en tant que président – soit six points de plus que 48 heures plus tôt –, bien que 81 % d'entre eux sont persuadés qu'il a menti sous serment devant le grand jury. Selon le même sondage, deux Américains sur trois trouvent, d'autre part, injustifiée une procédure de destitution.

Début novembre, les élections de mi-mandat constituent la preuve la plus convaincante de cet effet de ressac. D'ordinaire, le parti au pouvoir à la Maison-Blanche perd des sièges au Congrès à l'occasion de ces scrutins. Or, les démocrates parviennent à réaliser un gain de cinq sièges à la Chambre des représentants où les républicains de Newt Gingrich demeurent toutefois majoritaires.

Le message de la majorité des électeurs aux républicains est clair: nous ne voulons plus entendre parler de Monica Lewinsky ou de l'*impeachment* de Bill Clinton. Changez de disque, s'il vous plaît!

★

Je n'en crois pas mes yeux et mes oreilles. En ce samedi 19 décembre 1998, les 435 membres de la Chambre des représentants sont réunis pour approuver la mise en accusation de William Jefferson Clinton. Il s'agit de la première étape vers la destitution d'un président, qui relève du Sénat et nécessite la tenue d'un procès devant cette chambre haute.

Mais, avant de procéder au vote sur les articles d'*impeachment*, le successeur désigné de Newt Gingrich, Robert Livingston, monte à la tribune de la Chambre des représentants. Livingston n'est pas encore officiellement le président de la Chambre. Ses collègues républicains l'ont cependant choisi pour remplacer Gingrich, qui a dû démissionner un mois plus tôt à la suite de révélations médiatiques sur ses infidélités conjugales. Hypocrisie, quand tu nous tiens!

Mais Livingston fait lui-même face à une tempête médiatique en ce samedi matin à cause de ses propres incartades sexuelles. Quarante-huit heures plus tôt, il a dû avouer à ses collègues républicains et au public américain qu'il avait trompé sa femme à plusieurs reprises au cours de leurs 33 années de mariage. Ses aveux n'ont rien eu de spontané. Le pornographe Larry Flynt, éditeur du magazine *Hustler*, s'apprêtait à révéler que le représentant de la Louisiane, descendant d'un des signataires de la Déclaration d'indépendance, avait eu au moins quatre maîtresses.

Vers 9 h 30, Livingston s'avance donc vers le micro et, s'adressant directement à Bill Clinton, le prie de démissionner afin d'épargner à son pays un procès débilitant au Sénat sur sa conduite dans l'affaire Monica Lewinsky.

Et les démocrates de la Chambre de l'interrompre: «Non! Non! Démissionne toi-même!»

Or, après avoir ramené le silence et l'ordre dans l'enceinte, c'est exactement ce que fait Livingston. En abandonnant son siège à la Chambre et son rêve d'en devenir président, il dit vouloir donner l'exemple à Clinton.

Incroyable. Le scénariste le plus déjanté d'Hollywood n'aurait pu imaginer un enchaînement d'événements plus invraisemblable.

La Chambre finira par approuver deux articles d'*impeachment* à l'encontre de Bill Clinton, qui deviendra ainsi le deuxième président à être mis en accusation après Andrew Johnson en 1868 (Richard Nixon a démissionné avant la tenue d'un vote sur son *impeachment*). Les sondages, les résultats des élections de mi-mandat, les démissions successives de Newt Gingrich et de Robert Livingston pour des affaires d'adultère, rien de tout cela n'aura entamé le zèle républicain.

Assis dans le salon de mon appartement new-yorkais où j'ai suivi le vote de la Chambre à la télévision, je me fais cette réflexion: jamais je ne serai témoin aux États-Unis d'une histoire à la fois plus importante et plus absurde.

9
Le sauveur

C'est entendu, les partisans d'un candidat à la Maison-Blanche présentent l'éventail complet des attributs physiques : grands, petits, maigres, gros, blonds, bruns, beaux, pas beaux, tous, autant qu'ils sont, peuvent adhérer à son programme ou céder à son charisme. Mais il y a quelque chose d'inhabituel parmi les partisans de Donald Trump qui sont aujourd'hui regroupés dans le lobby de la Trump Tower pour assister au lancement de la campagne présidentielle du propriétaire des lieux.

Comment dire ? Il s'y trouve un nombre non négligeable de jeunes femmes et de jeunes hommes dont la présence aurait été plus appropriée parmi les figurants d'une pub de bière. Certes, comme les autres partisans de Donald Trump à l'apparence moins remarquable, ils brandissent des affiches et portent des t-shirts sur lesquels on peut lire le nom du candidat et un slogan digne de Ronald Reagan: «Rendre à l'Amérique sa grandeur». Mais leur physique athlétique, leur coiffure tendance et leur dentition parfaite les font sortir du lot. Je me promets de les interviewer après avoir entendu le discours du promoteur immobilier et vedette de la téléréalité.

Un autre groupe de partisans attire mon attention dans le lobby. Contrairement à ceux que je viens de décrire, ils ne sont pas entassés derrière des cordons de velours. Portant autour du cou des cartons sur lesquels se détachent les lettres VIP en blanc sur un fond noir, ils se tiennent devant les ascenseurs dorés de la tour, échangeant poignées de main, tapes dans le dos et bises sur les joues. La plupart des hommes portent des vestons au fini lustré que le personnage de Joe Pesci dans le film *Goodfellas* aurait sans doute portés avec fierté. Ils ne font pas nécessairement partie de la mafia, ils ont juste un *look* de parvenus.

Près des ascenseurs, un escalier roulant permet aux journalistes accrédités de descendre au premier étage de l'atrium de la Trump Tower, ce même atrium recouvert de marbre rose qu'une critique d'architecture new-yorkaise a déjà comparé à un «décor de toilettes pour dames riches». C'est là que Donald Trump doit annoncer à l'Amérique sa candidature à la présidence. Au centre d'une scène dont le fond est décoré de drapeaux américains, j'aperçois un podium sur lequel a été collée une affiche portant le patronyme du candidat, l'adresse de son site Internet et ce slogan que j'ai aperçu plus tôt dans le lobby: «Rendre à l'Amérique sa grandeur».

Les mots «candidat», «campagne» et «Maison-Blanche» s'entrechoquent dans ma tête. J'ai du mal à croire qu'ils peuvent s'appliquer à Donald Trump. N'a-t-il pas l'habitude de flirter avec l'idée de briguer le poste de président tous les quatre ans depuis 1988? Et si, d'aventure, il se lançait dans la course, combien de jours, de semaines ou de mois s'écouleraient-ils avant qu'il retourne à son émission de téléréalité, à ses terrains de golf et à ses cravates fabriquées en Chine?

Telles sont les questions que je me pose alors que résonne dans l'atrium de cinq étages une musique aussi éclectique que tonitruante, les chansons des Rolling Stones succédant à des airs de Luciano Pavarotti et de Barbra Streisand.

Vers 11 heures, le candidat se pointe enfin au sommet de l'escalier roulant, précédé de sa femme Melania. La chanson de Neil Young *Rockin' In The Free World* accompagne sa descente vers le premier étage de l'atrium. Perchés au deuxième étage, ses partisans l'acclament comme s'il était le sauveur descendant du ciel. Souriant, Donald Trump, vêtu d'un complet bleu marine et de sa cravate rouge préférée, les salue de la main.

Un autre mot s'ajoute à ceux qui trottent déjà dans ma tête endolorie: cirque.

★

De l'écume se forme à la commissure de ses lèvres. Je me demande si c'est visible à la télévision. Chose certaine, ce n'est pas très ragoûtant en personne. En revanche, cela cadre bien avec le discours du douzième candidat républicain à briguer l'investiture républicaine pour l'élection présidentielle de 2016. Donald Trump exagère, calomnie et vitupère tout en se positionnant en homme providentiel. Pas étonnant qu'il ait de l'écume aux lèvres.

D'entrée, il dénonce le déclin des États-Unis et la risée planétaire à laquelle cette nation jadis si fière est désormais confinée, à son avis.

«Notre pays est en sérieuses difficultés, dit-il. Nous n'avons plus de victoires. Nous avions l'habitude d'avoir des victoires, mais nous ne les avons plus. À quand remonte la dernière fois où quiconque nous a vu battre, disons la Chine, dans un accord commercial? Ils nous tuent. Je bats la Chine tout le temps. Tout le temps.

«Quand avons-nous battu le Japon à quoi que ce soit? Ils exportent leurs voitures par millions et que faisons-nous? À quand remonte la dernière fois où nous avons vu une Chevrolet à Tokyo? Cela n'existe pas, mes amis. Ils nous battent tout le temps.

«Quand battons-nous le Mexique à la frontière? Ils rient de nous, de notre stupidité. Et maintenant, ils nous battent économiquement. Ils ne sont pas nos amis, croyez-moi. Mais ils nous battent économiquement.

«Les États-Unis sont devenus un dépotoir pour les problèmes de tout le monde.»

Sans prendre une pause, il enchaîne en pourfendant l'immigration en provenance du Mexique dans des termes qui n'étonneraient pas s'ils venaient de la bouche d'un membre du Ku Klux Klan ou d'un groupuscule néonazi. «Quand le Mexique envoie ses gens, il n'envoie pas les meilleurs. Il ne vous envoie pas», dit-il en levant les yeux vers ses partisans perchés au deuxième étage. «Il envoie des gens qui ont beaucoup de problèmes, et ils apportent ces problèmes avec eux. Ils apportent de la drogue. Ils apportent de la criminalité. Ils sont des violeurs. Et certains, je suppose, sont de bonnes personnes.»

Donald Trump s'attaquera à d'autres étrangers au cours de son discours – aux Chinois, aux Japonais, aux Saoudiens et aux combattants du groupe État islamique au Moyen-Orient –, mais il n'exprimera pas à leur égard le racisme qu'il vient d'étaler en parlant des Mexicains.

Je me dis: Donald Trump vient probablement de réduire à néant ses chances de remporter la présidence. Après tout, les bonzes et les stratèges du Parti républicain n'ont-ils pas conclu, après la défaite de Mitt Romney contre Barack Obama en 2012, que leurs candidats se devaient de se rapprocher de l'électorat hispanique s'ils voulaient accéder à la Maison-Blanche?

Je note aussi ceci: au deuxième étage, les partisans de Donald Trump s'amusent. Ils éclatent de rire ou acclament les passages les plus controversés d'un discours livré par un candidat qui, tel un *stand-up comic*, passe d'un sujet à l'autre sans crier gare.

«J'ai observé les politiciens», dit-il en ciblant non seulement Barack Obama mais également ses adversaires républicains, dont Jeb Bush et Marco Rubio. «J'ai eu à traiter avec eux durant toute ma vie. Si vous ne pouvez pas conclure une bonne entente avec un politicien, c'est qu'il y a quelque chose qui cloche chez vous. Vous n'êtes pas bon. Et c'est ce que nous avons comme représentants. Ils ne rendront jamais sa grandeur à l'Amérique. Ils n'ont même pas une chance. Ils sont contrôlés complètement par les lobbyistes, par les donateurs et par les groupes d'intérêts spéciaux.»

Rien à voir avec le maître de céans qui se félicite de son indépendance politique et financière. «J'utilise mon propre argent. Je suis vraiment riche», dit-il après avoir évalué sa fortune personnelle à 8,7 milliards de dollars sur la foi d'un document préparé par son comptable. Si l'autopromotion était un gage de succès à la Maison-Blanche, Donald Trump pourrait, une fois élu, surpasser Abraham Lincoln ou Franklin Roosevelt. Et c'est en plein ce qu'il tente d'expliquer à son auditoire.

«Notre pays a besoin d'un véritable leader, et nous avons besoin d'un véritable leader maintenant. Nous avons besoin d'un leader qui a écrit *The Art of the Deal.* Nous avons besoin d'un leader qui peut rapatrier nos emplois, rapatrier nos manufactures, restaurer notre armée et prendre soin de nos vétérans. Nos vétérans ont été abandonnés.

«Je serai le plus grand président en matière de création d'emplois que Dieu ait jamais créé, ajoute-t-il. Je ramènerai nos emplois de la Chine, du Mexique, du Japon et de plusieurs autres endroits. Je ramènerai nos emplois, et je ramènerai notre argent.»

À la fin de son discours, Trump revient sur les dossiers auxquels il s'attaquerait en priorité à la suite de son élection éventuelle.

«J'abrogerais et remplacerais le grand mensonge, Obamacare. Je construirais un grand mur. [...] Je construirai un grand mur le long de notre frontière sud. Et je forcerai le Mexique à payer la note. Retenez bien ceci.»

Et Trump de conclure: «Malheureusement, le rêve américain est mort. Mais si je suis élu président, je le ramènerai plus fort, plus grand que jamais, et nous rendrons sa grandeur à l'Amérique. Merci. Merci beaucoup.»

★

De retour au deuxième étage, je me rends compte que les partisans de Donald Trump qui avaient attiré mon attention à mon arrivée ne sont plus là. Cependant, plusieurs autres militants sont encore sur place. Je demande à chacun de ceux que j'interroge s'ils ont été payés pour assister au lancement de la campagne de Donald Trump ou s'ils travaillent pour son organisation. Ils répondent tous par la négative.

«Il n'y a pas une chose qu'il ait dite avec laquelle je suis en désaccord», me dit Rhonda Davis, une ex-employée de Wall Street qui vit dans le New Jersey. «Il a la sagesse, l'expertise et la *chutzpah* pour faire bouger les choses.» *Chutzpah* est un mot yiddish qui convient assez bien à Donald Trump. Il signifie «culot». Personne ne peut prétendre que la star de l'émission *The Apprentice* en manque. Mais la sagesse? Et l'expertise?

Rhonda Davis n'est pas la seule parmi les partisans de Donald Trump à prendre au sérieux celui que bon nombre d'abonnés de Twitter ont qualifié de «clown» tout au long de son discours. Accompagné de son fils âgé de 18 ans, Kevin Hale, un autre résident du New Jersey, ne s'offusque aucunement des propos les plus incendiaires du nouveau candidat. «Je pense qu'il dit ce que plusieurs Américains ressentent», déclare ce responsable des services alimentaires dans une résidence pour personnes âgées. «Sur le plan politique, on se fait avoir, c'est la vérité.»

Après avoir recueilli d'autres commentaires semblables, je retourne à la maison et me lance dans l'écriture d'un compte rendu de son discours, tout en jetant un coup d'œil de temps à autre à mon fil Twitter. À un certain moment, j'y reçois la confirmation du doute qui m'avait envahi en apercevant certains partisans de Trump dans le lobby de sa tour. Selon le *Hollywood Reporter*, l'équipe du candidat avait fait appel à une agence de casting new-yorkaise pour grossir la foule de ses partisans.

«Nous sommes à la recherche d'acteurs qui porteront des t-shirts, brandiront des affiches et aideront à acclamer [le candidat] à l'occasion de son annonce», pouvait-on lire dans un courriel distribué par l'agence de casting quatre jours avant le lancement de la campagne de Donald Trump. «Nous comprenons que ce n'est pas un travail de figurant traditionnel, mais nous croyons que le métier d'acteur se pratique sous toutes les formes et c'est une illustration de cette école de pensée.»

La campagne offrait aux acteurs 50 $ pour trois heures de figuration. Un des acteurs, Domenico Del Giacco, a contribué à éventer l'affaire en publiant une photo de lui en compagnie de Courtney Klotz, une amie actrice, sur Instagram. Les deux apparaissent vêtus de t-shirts proclamant l'intention du candidat de rendre sa grandeur à l'Amérique.

Je me dis : quel farceur, ce sauveur…

10

Une fille de Chicago

Annette me demande de l'accompagner à la fête que donne Daniel, un photographe allemand, dans son appartement de Greenwich Village pour célébrer son déménagement à Los Angeles. En fait, elle m'y donne rendez-vous pour 22 heures. Tout ce qui se passera par la suite est un peu sa faute.

Blonde, mince et élancée, Annette pratique elle aussi le métier de journaliste à New York. Correspondante pour le magazine allemand *Focus*, elle s'intéresse surtout aux affaires économiques. Nous nous sommes croisés professionnellement à quelques reprises avant de nouer une relation amicale. Fille d'un pasteur luthérien, élevée dans le coin le plus conservateur de la Bavière, elle semble vouloir maintenir une certaine distance dans nos rapports. Je n'ai pas l'intention de brusquer les choses, prenant plaisir à cette amitié qui n'est pas dénuée d'attirance physique, du moins en ce qui me concerne.

Peu après 22 heures, j'arrive dans l'appartement du photographe. Annette n'y est pas encore. Je ne connais ni l'hôte ni les amis qu'il a réunis pour souligner son départ. J'ai l'impression que la plupart des gars sont gais tandis que les filles me semblent sortir tout droit de magazines de mode.

Or, comme dans un rêve, trois d'entre elles forment rapidement un demi-cercle devant moi. Le bonheur d'être hétéro à Manhattan... Il y a là Victoria, une Russe née à Odessa, Nicole, une Afro-Américaine originaire de Chicago, et Kimberley, une autre Afro-Américaine née à Boston.

Victoria est celle qui connaît Daniel, le photographe. Elle s'est fait accompagner par Kimberley et Nicole, deux collègues de travail qui n'ont rien à voir avec la mode. Entre Nicole et moi, ça clique en un rien de temps. Francophile, elle parle un bon français, ayant étudié pendant un an à Strasbourg et fait un stage de travail à Paris. Passionnée de politique, elle a fait partie de la délégation de l'État de l'Illinois lors de la convention démocrate de New York qui avait désigné Bill Clinton comme candidat à l'élection présidentielle de 1992. Elle venait alors de fêter ses 20 ans.

Au milieu de la conversation, je lui pose la question qui me chicote depuis que j'ai appris qu'elle venait de Chicago, la ville de mon père et de ses trois filles dont l'une ou deux pourraient bien avoir l'âge de ma nouvelle connaissance: « Quel est ton nom de famille ? » Sa réponse me soulage, car le monde est parfois bien petit et bien étrange. Et la conversation reprend de plus belle.

Je ne me souviens pas avoir jamais été sous l'emprise d'une femme dégageant une telle énergie, un tel charisme, un tel *sex-appeal* ! Et quels beaux grands yeux en amande ! Je suis conquis. J'en oublie l'heure, j'en oublie Annette jusqu'à ce que j'offre à Nicole d'aller lui chercher à boire dans la cuisine.

En traversant le salon, je tombe sur Annette. Je devine aussitôt qu'elle m'observait depuis un moment déjà. Elle me présente à une journaliste brésilienne avec laquelle elle s'entretenait pendant que Nicole et ses compagnes monopolisaient toute mon attention.

— Je vois que tu t'es fait des amies, me dit-elle sourire en coin.

— Oui, euh... tu veux que je te les présente ?

— Non, ce n'est pas la peine. Je ne resterai pas très longtemps. Je voulais seulement saluer Daniel.

— Tu es certaine ?

— Oui, oui, amuse-toi bien.

Si Annette est vexée, elle le cache bien. De mon côté, je ne me sens pas trop mal de l'avoir oubliée : si elle était arrivée à la fête en même temps que moi, je n'aurais probablement jamais parlé à Nicole. Et le reste de ma vie n'aurait pas été le même.

★

Les racines de son père se trouvent au Mississippi, celles de sa mère au Tennessee et en Arkansas. Leurs parents ou grands-parents, comme tant d'autres Afro-Américains de leur génération, ont fui les lois racistes et la pauvreté endémique du sud pour gagner leur vie et revendiquer l'égalité à Chicago, où les manufactures étaient en quête de main-d'œuvre.

Ses parents auront été les premiers véritables bénéficiaires du mouvement historique appelé «Grande Migration» qui a disséminé quelque sept millions d'Afro-Américains des régions rurales du sud vers les grandes villes du nord-est, du Midwest et de l'ouest de 1916 à 1970. Ils ont accédé à la classe moyenne, obtenant leur part du «rêve américain». Le père est devenu un des distributeurs du fabricant de biscuits Archway, la mère a ouvert une boutique de produits cosmétiques.

Mais ils n'ont pas échappé au racisme. Un racisme peut-être moins virulent et institutionnalisé dans le Midwest que dans le sud des États-Unis, mais tout aussi présent et tenace. Née dans l'un des quartiers noirs du South Side de Chicago, Nicole se souvient de l'accueil hostile que sa famille reçut de la part de certains de ses nouveaux voisins lorsqu'elle déménagea dans une maison unifamiliale de Morgan Park, quartier blanc aux allures de banlieue situé dans le sud-ouest de Chicago.

Dès leur arrivée, leurs voisins de droite se mirent à construire une clôture pour faire comprendre aux nouveaux venus qu'ils n'appartenaient pas à leur monde, qu'ils étaient considérés comme des envahisseurs, qu'ils faisaient partie de la mauvaise race. Parfois, ces mêmes voisins recevaient la visite de leurs enfants et de leurs petits-enfants, dont des fillettes de l'âge de Nicole qui n'avaient pas encore été infectées par le virus du racisme.

Un jour, une des fillettes invita Nicole à jouer dans la maison de ses grands-parents, voulant lui rendre l'hospitalité qu'elle avait déjà reçue chez elle. Or, après avoir laissé entrer sa petite-fille, la grand-mère ferma la porte au nez de Nicole sans lui dire un mot. L'histoire ne remonte pas à 1959, mais à 1979. Nicole avait sept ans. Il se passa 12 autres années avant que la voisine d'à côté lui adresse la parole pour la première fois. Elle voulait que Nicole transmette à sa mère ses compliments pour la beauté des fleurs qu'elle cultivait sur son terrain.

Le voisin d'en face n'était pas plus hospitalier. Il sortait sur son balcon et accusait faussement Nicole de rouler sur sa pelouse chaque fois qu'elle passait à bicyclette sur le trottoir jouxtant son terrain. La réaction de la mère de Nicole était également prévisible. Elle sortait à son tour sur le balcon pour dire au voisin de cesser d'intimider sa fille et lui rappeler que la rue appartenait à tout le monde.

Un jour, un autre voisin blanc créa la surprise en sortant lui aussi sur son balcon pour prendre la défense de Nicole et de son amie Camille, fille d'un des autres rares couples afro-américains du quartier. « Elles roulaient sur le trottoir », assura-t-il en coupant court – et à jamais – aux jérémiades de l'Archie Bunker local. Comme le patriarche new-yorkais de la sitcom *All in the Family*, le voisin d'en face avait du mal à accepter les changements démographiques de son quartier. Il conserva peut-être sa hantise des Noirs jusqu'à sa mort.

La voisine de droite, elle, poursuivit sa transformation après sa première conversation avec Nicole. Une de ses petites-filles lui força sans doute la main en mariant un Afro-Américain.

★

Nicole raconte ces anecdotes tout en reconnaissant avoir eu une enfance relativement privilégiée et protégée. Tous ses cousins et cousines n'ont pas eu la chance d'avoir des parents aussi ambitieux et résilients que les siens. Elle sait que certains membres de sa parenté ont été victimes d'un racisme plus douloureux ou injuste que celui auquel elle a été exposée, et que certains d'entre eux ont fini par gonfler les statistiques associées aux problèmes de la communauté afro-américaine de Chicago ou d'ailleurs aux États-Unis.

Au début des années 2000, Nicole me raconte une autre histoire liée à sa ville natale : ses tantes, accompagnées parfois de sa mère, fréquentent une église du South Side de Chicago dont le pasteur enflammé, Jeremiah Wright, attire une congrégation hétéroclite parmi laquelle le nom d'Oprah Winfrey est le premier que je retiens. Après la convention du Parti démocrate à Boston, en 2004, le nom d'un certain Barack Obama commencera à rivaliser avec celui de l'animatrice. Candidat au poste de sénateur de l'Illinois, le jeune politicien de Chicago, né d'une mère du Kansas et d'un père du Kenya, a profité de la tribune que lui a offerte le candidat présidentiel du Parti démocrate, John Kerry, pour prononcer un discours électrisant qui le mettra en orbite.

C'est donc en partie à travers les yeux d'une fille née dans le South Side de Chicago que je suis l'ascension politique de Barack Obama, élu au Sénat des États-Unis en novembre 2004 – tombeur d'Hillary Clinton, une autre fille originaire de l'Illinois, en mai 2008 – et de John McCain, candidat présidentiel du Parti républicain en novembre 2008.

Si elle a de la sympathie pour Hillary, Nicole ne le montrera pas trop pendant la course à l'investiture démocrate de 2008, défendant Obama contre les accusations de la sénatrice de New York et de l'oncle Bill, son mari dépassé par les événements.

Mais Nicole ne s'identifie pas seulement à Barack Obama. Elle se reconnaît aussi dans sa femme, Michelle, qui a grandi dans un quartier du South Side qu'elle connaît bien. Au plus fort de l'Obamamania à New York, il arrive même à certaines de nos connaissances de confondre Nicole avec la femme du candidat présidentiel du Parti démocrate, sans doute en raison de sa haute taille, de la couleur de sa peau et de ses liens avec Chicago.

— Bonjour Michelle, disent-ils en voyant Nicole.

— Non, moi, c'est Nicole.

— Ah ! Désolé, Nicole.

Je ne peux, de mon côté, fermer les yeux sur certains parallèles entre la vie d'Obama et la mienne. Nous appartenons à la même génération. Nous avons tous les deux une mère blanche et un père noir qui n'a jamais vraiment fait partie de nos vies. Nos mères sont par la suite toutes les deux tombées amoureuses d'un intellectuel asiatique. Celle d'Obama a rejoint le sien en Indonésie, où elle a entraîné son fils pendant quelques années et donné naissance à une fille. La mienne a fini par décider de ne pas suivre le sien et de ne pas m'entraîner avec elle au Cambodge en raison de la guerre civile qui y sévissait.

Mais l'ascension politique de Barack Obama suscite chez Nicole des sentiments qui lui sont uniques. Et les attaques racistes, directes ou voilées, dont le politicien de Chicago fait l'objet, la blessent doublement.

11
Le mensonge raciste

Le 17 septembre 2015, à Dover, dans l'État du New Hampshire. Après un débat entre les candidats républicains à la présidence, Donald Trump tient une assemblée publique. Or, plutôt que de prononcer son discours habituel, il invite les membres de l'auditoire à lui poser des questions. D'entrée, il pointe du doigt un homme et dit :

— OK, cet homme. J'aime ce gars-là.

Micro sans fil à la main, l'homme dit :

— Nous avons un problème dans ce pays. Il a pour nom les musulmans. Nous savons que notre président actuel en est un. Vous savez, il n'est même pas Américain. L'acte de naissance, *man*.

— D'accord, dit Trump.

Puis, en secouant la tête, le candidat républicain ajoute:

— Nous avons besoin de cette question? Cette première question?

— Peu importe, reprend l'homme. Ils ont des camps d'entraînement (aux États-Unis) où ils veulent nous tuer.

— OK, fait Trump.

— C'est ma question, enchaîne l'homme. Quand pouvons-nous nous débarrasser d'eux?

— Nous allons examiner plusieurs choses différentes, répond Trump sur un ton sérieux. Vous savez, de nombreuses personnes disent ça et de nombreuses personnes disent qu'il se passe des choses mauvaises dans le pays. Nous allons examiner ça et plusieurs autres choses encore.

Sur ce, Trump donne la parole à un autre membre de l'auditoire.

Le micro aboutit entre les mains d'un autre homme.

— J'applaudis le gentilhomme qui vient de dire qu'Obama est un musulman né à l'étranger, dit-il. J'applaudis aussi ce qu'il vient de dire au sujet des camps militaires. Tout le monde sait ça.

— D'accord, coupe Trump, avant de donner la parole à un autre membre de l'auditoire sans laisser à l'homme la chance de lui poser une seule question.

De toute évidence, le candidat républicain à la présidence n'est pas à l'aise avec ses deux premiers interlocuteurs. Mais il ne saisira pas l'occasion pour contester aucune autre de leurs théories de complot. En fait, il a plutôt donné l'impression de prendre au sérieux l'une de ces théories en promettant de l'examiner. Sur Internet, une rumeur non fondée circule selon laquelle le FBI est au courant de la présence d'une dizaine de camps d'entraînement utilisés par des terroristes «musulmans» aux États-Unis, et plus particulièrement dans les États du sud profond.

Et l'autre théorie de complot? Celle à laquelle les *birthers* s'accrochent depuis l'apparition de Barack Obama au firmament politique? Cette théorie selon laquelle le politicien de Chicago aurait réussi à accéder à la Maison-Blanche en cachant son vrai pays de naissance (le Kenya) et sa vraie religion (l'islam)? Donald Trump n'y touche plus depuis le début de sa campagne présidentielle. Il préfère s'en tenir aux thèmes entourant l'immigration. Ses partisans ne manquent jamais d'exulter lorsqu'il leur promet de bâtir un mur le long de la frontière sud, d'expulser les quelque 11 millions de clandestins originaires du Mexique et d'amender la Constitution pour mettre fin au droit du sol.

— USA! USA! USA! scandent-ils en réponse à ces promesses.

Ce soir, à Dover, il ne viendrait sans doute pas à l'esprit de Donald Trump de refroidir l'enthousiasme de ses partisans en s'attaquant à la théorie des *birthers*. Il est probablement au courant des résultats du plus récent sondage de Public Policy: 66 % de ses partisans croient qu'Obama est un musulman et 61 % d'entre eux pensent qu'Obama n'est pas né aux États-Unis.

C'est quand même remarquable : sept ans après l'élection de Barack Obama à la présidence des États-Unis, le mouvement des *birthers* est plus fort que jamais au sein du Parti républicain.

Et Donald Trump n'y est pas pour rien.

★

— Pourquoi ne montre-t-il pas son acte de naissance ? Il y a quelque chose sur cet acte de naissance qu'il n'aime pas.

Le 23 mars 2011, Donald Trump fait cause commune avec les *birthers* pour l'une des premières fois en public, sur le plateau de l'émission de télévision *The View*. C'est le début d'une période intense de six semaines au cours de laquelle la star de la téléréalité reviendra sur les origines de Barack Obama et réclamera la publication de son acte de naissance sur toutes les chaînes et à tous les micros de télévision ou de radio.

« Obama a dépensé des millions de dollars [en frais juridiques] pour tenter d'enterrer cette question. Et je vais vous dire quelque chose, depuis que j'en parle, de nombreux faits font surface et je commence à me demander moi-même s'il est vraiment né dans ce pays », dit le promoteur immobilier le 28 mars 2011 sur Fox News.

« Quelqu'un m'a dit [...] qu'à l'endroit où c'est écrit "religion", on peut lire "musulman". Et si vous êtes musulman, vous ne changez pas votre religion, soit dit en passant », dit-il le 30 mars 2011 à l'émission radiophonique de l'animatrice conservatrice Laura Ingraham.

«J'ai des gens qui étudient [l'acte de naissance d'Obama] et ils ne peuvent pas croire ce qu'ils découvrent», dit-il le 7 avril 2011 à l'émission *Today* de NBC.

«Sa grand-mère au Kenya a dit: "Oh, non, il est né au Kenya et j'étais là et j'ai vu la naissance"», dit-il le même jour à l'émission *Morning Joe* de MNSBC.

Et ainsi de suite.

Mais à quoi donc Donald Trump joue-t-il? Après l'élection de Barack Obama à la présidence, en novembre 2008, la plupart des ténors du Parti républicain se sont dissociés du mouvement des *birthers*, question de ne pas être accusés d'intolérance ou de racisme. Mais la vedette de l'émission *The Apprentice*, qui jongle avec l'idée de briguer la présidence en 2012, exploite sans vergogne ce sujet tabou, sachant qu'il rejoint une partie importante de l'électorat républicain. Un électorat qui accepte mal de voir un homme de couleur à la tête du pays et qui se plaît à mettre en cause son éligibilité à la présidence ou sa légitimité en tant que président.

Le 27 avril 2011, désireux de mettre fin à ce qu'il qualifie de «distraction», Barack Obama décide de publier en ligne la version longue de son acte de naissance. «Nous n'avons pas le temps pour ce genre de bêtises. Nous avons des défis sérieux à relever», dit-il en priant ses compatriotes de ne pas prêter attention aux «aboyeurs de foire», catégorie dans laquelle il range Donald Trump sans le nommer.

Mais Trump ne cesse pas complètement d'aboyer. Au cours des trois prochaines années, il continuera à l'occasion à mettre en doute l'authenticité de l'acte de naissance d'Obama. «Une "source extrêmement crédible" a appelé mon bureau et m'a dit que l'acte de naissance de Barack Obama est un faux», écrira-t-il notamment sur Twitter le 6 août 2012.

Un an plus tard, il jouera les agnostiques lors d'une entrevue à la chaîne ABC. «Était-ce un acte de naissance? [...] Certaines personnes disent que ce n'était pas un acte de naissance. Peut-être que c'en était un, peut-être que ce n'en était pas un. Je dis que je ne le sais pas. Personne ne le sait.»

★

Le 31 avril 2011, à Washington, capitale des États-Unis d'Amérique. Barack Obama et Donald Trump se retrouvent dans la même salle. Le président américain prononce son monologue habituel à l'occasion du dîner annuel des correspondants de la Maison-Blanche. Le milliardaire new-yorkais est assis à une table réservée par le *Washington Post*.

Quelques heures plus tôt, Obama a donné le feu vert à l'opération qui mènera à la capture ou à l'élimination d'Oussama ben Laden dans son repaire d'Abbottabad, au Pakistan. En l'observant, personne ne peut deviner qu'il jouera probablement dans les prochaines heures sa réélection. À la tribune, il affiche un air décontracté, prenant un malin plaisir à se moquer de l'homme qui l'a forcé, quatre jours plutôt, à publier la version longue de son acte de naissance.

«Donald Trump est ici ce soir et je sais qu'il a encaissé des critiques ces derniers temps, mais personne n'est plus heureux, plus fier que cette affaire d'acte de naissance soit enfin réglée que le Donald, dit le président. Et c'est parce qu'il va maintenant pouvoir se concentrer sur les problèmes importants. Par exemple, notre vol sur la Lune était-il un faux ? Qu'est-il vraiment arrivé à Roswell[1] ? Et où sont Biggie et Tupac[2] ?»

Les membres de l'auditoire s'esclaffent sauf Donald Trump, dont le visage s'empourpre. Barack Obama poursuit son numéro en félicitant Trump d'avoir congédié l'acteur Gary Busey, un des concurrents de l'émission *Celebrity Apprentice*. «C'est le genre de décision qui me ferait passer des nuits blanches», dit le commandant en chef des Forces armées américaines. «Bien fait, monsieur. Bien fait. Vous pouvez dire ce que vous voulez au sujet de M. Trump, il amènerait certainement des changements à la Maison-Blanche.»

Les vagues de rires enflent autour de Donald Trump, qui demeure «assis, la mâchoire verrouillée dans une expression de rage immuable», écrira plus tard un témoin selon lequel «l'humiliation de Trump était absolue et plus visible que jamais».

Ultérieurement, de nombreux journalistes et commentateurs voudront voir dans le monologue de Barack Obama un des facteurs clés de la décision de Donald Trump de solliciter la présidence en 2016. L'humiliation subie par le promoteur immobilier ce soir-là l'aurait

1 Référence à une théorie de complot selon laquelle le gouvernement américain a caché l'écrasement d'un OVNI près de Roswell, au Nouveau-Mexique, en juillet 1947.

2 Noms de deux rappeurs assassinés dont les tueurs n'ont jamais été arrêtés, ni identifiés.

aiguillonné. Dès lors, il aurait décuplé ses efforts pour gagner en importance dans le monde politique et combler son besoin impérieux d'être pris au sérieux.

Mais le nœud de l'affaire est ailleurs: en 2012, pour rehausser son profil politique, Donald Trump n'a pas hésité à propager un mensonge raciste à propos du premier président noir de l'histoire américaine. Mensonge qu'il a laissé tomber quatre ans plus tard pour exploiter d'autres peurs et rancœurs raciales présentes au sein de l'électorat blanc de son pays.

À l'approche de son 70e anniversaire de naissance, Donald Trump savait que l'élection présidentielle de 2016 était sa dernière chance de réaliser son vieux rêve d'accéder à la Maison-Blanche. Il n'avait pas besoin de Barack Obama pour le lui rappeler ou l'aiguilloner. Et il s'est servi d'un moyen qui lui était familier pour se distinguer des autres candidats présidentiels du Parti républicain: le racisme.

12
Une colère noire

Je roule lentement dans les rues désertes de Palm Beach. Les rayons du soleil se reflètent sur la chaussée. Je ne suis pas pressé d'arriver au centre-ville de West Palm Beach, épicentre d'un séisme politique en ce mois de novembre 2000. Je regarde défiler les palmiers, les maisons des multimillionnaires, les pelouses bien entretenues et j'écoute la radio noire.

L'animateur d'une station haïtienne de Miami rigole en traduisant en créole et en français les blagues de Jay Leno et de David Letterman sur le fiasco de l'élection présidentielle. Entre deux traits d'humour, il vante la démocratie américaine qui sait rire de ses politiciens et de ses imperfections. « En Haïti, comme vous le savez, les plaisanteries sur Aristide peuvent coûter très cher», dit-il à ses auditeurs.

Je tourne le bouton de la radio pour trouver un autre point de vue. Je tombe sur une tribune téléphonique animée par un Afro-Américain. Celui-ci n'a vraiment pas le cœur à rire. Il vitupère contre le général à la retraite Colin Powell et tous les autres Noirs «qui trahissent leur race» en s'associant au parti de Ronald Reagan et de George W. Bush. «Les républicains sont les descendants du Ku Klux Klan!» s'exclame-t-il en parlant de l'organisation suprémaciste fondée en 1865 pour empêcher, par le biais de la terreur, les Noirs d'user de leur nouveau droit de vote.

Et il accuse aujourd'hui le gouverneur républicain de la Floride, Jeb Bush, frère de l'autre, d'avoir utilisé d'autres moyens pour arriver aux mêmes fins. Il évoque les listes électorales purgées de soi-disant criminels, les barrages policiers autour de certains bureaux de scrutin, les machines à voter vétustes qui, selon lui, ont coûté aux Noirs de Floride un nombre disproportionné de votes le 7 novembre 2000. Des votes qui auraient dû permettre à Al Gore, candidat présidentiel du Parti démocrate, de coiffer ce fils de... Bush et de remporter la Maison-Blanche.

Mais les voix des Noirs de Floride ne sont pas au cœur des préoccupations américaines aujourd'hui. Celles qui retiennent l'attention appartiennent aux électeurs juifs du comté de Palm Beach. En arrivant enfin à West Palm Beach, siège de ce comté, j'aperçois plusieurs d'entre eux sur les trottoirs du centre-ville. Certains brandissent des affiches sur lesquelles on peut lire le message suivant: «Je n'ai pas voulu voter pour Pat Buchanan.»

Jay Leno et David Letterman peuvent bien se bidonner. De nombreux électeurs âgés du comté de Palm Beach, juifs pour la plupart, se plaignent d'avoir voté par erreur pour ce Buchanan de malheur, candidat populiste ultraconservateur, qui, pour comble, traîne une réputation d'antisémite.

À cause d'un bulletin de vote mal conçu, certains électeurs pensent avoir perforé le mauvais trou et choisi Buchanan plutôt que Gore (le candidat indépendant a en effet récolté plus de voix que prévu dans le comté). D'autres sont persuadés d'avoir perforé deux trous plutôt qu'un seul en essayant de réparer leur erreur. D'autres encore craignent tout simplement d'avoir mal perforé leur bulletin de vote (les médias américains parlent des *hanging chads*, des *dimpled chads* ou des *pregnant chads* qui ont empêché la comptabilisation de nombreux votes par les machines électroniques). Tous les manifestants réclament un nouveau scrutin dans le comté où plus de 19 000 bulletins de vote ont été invalidés.

Les comédiens rient de l'affaire, mais le pays est au bord d'une crise constitutionnelle. Cinq jours après l'élection présidentielle, le gagnant entre Gore et Bush n'est toujours pas connu. Le démocrate a certes remporté le vote populaire à l'échelle nationale, mais cette «victoire» ne vaut rien. En vertu d'un système archaïque à nouveau décrié, le président des États-Unis est élu par un Collège électoral composé de 538 grands électeurs représentant de façon plus ou moins proportionnelle les 50 États américains et le district de Columbia.

Or, Gore a remporté la victoire dans 20 États représentés par 260 grands électeurs au sein du Collège électoral (il faut au moins 270 grands électeurs pour être élu à la Maison-Blanche). Bush a triomphé dans 29 États totalisant 249 grands électeurs. Avec ses 25 grands électeurs, la Floride peut donc faire la différence. Le candidat qui sera déclaré vainqueur dans cet État deviendra le 43e président des États-Unis. Mais l'écart entre Bush et Gore est infime. Après un premier dépouillement, le républicain jouissait d'une avance de 1 784 voix sur près de six millions de bulletins de vote déposés. L'écart étant inférieur à 0,5 % entre les deux principaux candidats, un recomptage automatique a été effectué, recomptage qui a réduit l'avance du républicain à moins de 400 voix.

Et voilà que l'équipe d'Al Gore demande maintenant un décompte manuel des voix dans quatre comtés de Floride. La commission électorale du comté de Palm Beach a exaucé cette requête, ordonnant un nouveau décompte manuel de tous les bulletins de la circonscription. L'équipe de George W. Bush a aussitôt appelé la justice fédérale à la rescousse, déposant un recours pour que soit bloqué tout nouveau décompte manuel en Floride.

C'est le début d'un invraisemblable imbroglio juridique.

★

Trente-six : c'est le nombre de jours qui s'écouleront entre l'élection présidentielle de 2000 et la décision de la Cour suprême des États-Unis scellant la victoire de George W. Bush. Tout au long de ce feuilleton à rebondissements, je dois réviser la réflexion qui m'avait traversé l'esprit le jour de l'*impeachment* de Bill Clinton : jamais je ne serai témoin aux États-Unis d'une histoire à la fois plus importante et plus absurde.

L'incroyable nuit électorale du 7 au 8 novembre 2000 est le premier épisode qui me ramène à cette réflexion. À 2 h 17 du matin, les médias annoncent l'élection de George W. Bush à la Maison-Blanche après avoir projeté de façon prématurée et eronnée la victoire d'Al Gore en Floride au début de la soirée. À 2 h 30, le candidat démocrate appelle son adversaire pour concéder la défaite. Une heure plus tard, il revient sur cette concession lors d'un deuxième appel – glacial – à Bush. Un recomptage sera nécessaire.

Sur NBC, le journaliste Tim Russert brandit alors un petit tableau sur lequel il a écrit trois mots qui résument où se décidera l'élection présidentielle de 2000 : « Florida, Florida, Florida ».

Le lendemain, Al Gore et George W. Bush dépêchent en Floride leurs équipes d'avocats et de conseillers pour superviser le recomptage des voix, choisissant deux anciens secrétaires d'État auréolés de prestige et d'expérience pour diriger leur délégation respective – Warren Christopher pour les démocrates et James Baker pour les républicains.

Les décomptes permettront aux Américains de se familiariser avec les personnalités loufoques ou scandaleuses du monde politique de la Floride, dont Katherine Harris qui correspond aux deux épithètes. Avec sa mise en plis parfaite, son maquillage outré, ses talons hauts et ses tailleurs ajustés, la secrétaire d'État de la Floride ne passe pas inaperçue. De toute façon, ses responsabilités la projettent à l'avant-scène. Non seulement elle est coprésidente de la campagne présidentielle de George W. Bush en Floride, mais elle est également responsable de l'organisation des élections dans son État.

Ce double rôle la place évidemment dans une situation de conflit d'intérêts spectaculaire. Or, au grand dam des démocrates, il lui permettra de «certifier» la victoire de Bush le 26 novembre 2000, par 537 voix, résultat officiel qui ne tient cependant pas compte des décomptes manuels effectués dans les comtés de Palm Beach et de Dade, et de ceux qui sont en cours ailleurs dans l'État. Les démocrates contesteront l'arrêt des décomptes devant les tribunaux.

Pendant ces 36 jours, je fais la navette entre New York et la Floride, atterrissant à West Palm Beach, Miami ou Tallahassee, capitale de l'État. Je me sens privilégié de couvrir cette saga qui tient la planète en haleine. Je finis par me dire que jamais je ne couvrirai une histoire à la fois plus importante et plus absurde.

Le samedi 9 décembre, je me retrouve à Tallahassee. La veille, contre toute attente, Al Gore a obtenu gain de cause devant la Cour suprême de Floride qui autorise le décompte manuel de quelque 45 000 bulletins litigieux dans plus de 60 comtés. Après tous les décomptes qui ont eu lieu au cours du dernier mois, le vice-président n'est plus qu'à 154 voix de George W. Bush. Le nouveau décompte pourrait enfin lui procurer la victoire.

En fin d'après-midi, je retourne à ma chambre d'hôtel pour écrire un compte rendu d'une autre journée folle en Floride. Or, à peine ai-je le temps de composer l'amorce de mon article qu'un nouveau rebondissement survient: par cinq voix contre quatre, la Cour suprême des États-Unis ordonne l'arrêt des décomptes manuels commencés le matin même et convoque les deux parties à Washington le surlendemain. L'audience s'ouvrira à 11 heures et durera 90 minutes.

Les juges de la Cour suprême sont censés se placer au-dessus des partis. Mais la plus haute instance est dominée par des conservateurs qui doivent leur situation au parti de Bush, quand ce n'est pas au père de Bush lui-même. Sept des neuf juges ont été nommés par des présidents républicains. Dans la décision de la majorité justifiant l'arrêt des décomptes, Antonin Scalia, pilier intellectuel de l'aile conservatrice de la cour, semble prédire un verdict favorable à Bush à la suite de l'audition de lundi.

«La majorité de la cour estime qu'il existe une importante probabilité de succès pour le plaignant», écrit Scalia, tout en précisant que la reprise des décomptes manuels risquait de causer «un tort irréparable» à Bush «en jetant le doute sur ce qu'il affirme être sa victoire».

Le surlendemain, la Cour suprême confirme la décision de Scalia par cinq voix contre quatre, mettant fin aux décomptes manuels en Floride et confirmant la victoire de George W. Bush par 537 voix.

Je pense tout de suite à l'animateur de radio afro-américain de Floride en prenant connaissance du motif invoqué par la majorité pour stopper les décomptes une fois pour toutes. Les juges conservateurs ont fait valoir que les différences entre la façon dont les décomptes manuels sont effectués d'un comté à un autre viole « la clause de protection égale » incluse dans le 14e amendement de la Constitution.

L'amère ironie veut que cette clause ait été adoptée après la guerre de Sécession afin d'abattre les lois discriminatoires des États sudistes. Plus tard, elle a contribué à garantir le principe « une personne, un vote ». Une personne, un vote? L'animateur radiophonique de Miami n'a sûrement pas manqué de rappeler à ses auditeurs que cette garantie ne s'était pas étendue à des milliers d'électeurs noirs de Floride.

Des milliers d'électeurs dont les noms ont été purgés « par erreur » des listes électorales. Combien d'entre eux n'ont pu voter le 7 novembre? Assez pour alimenter une colère noire.

TROISIÈME PARTIE

Y a-t-il un docteur dans mon pays ?

13
Le serpent

Coup de fil à Stanley Renshon, psychanalyste et politologue à l'Université de la ville de New York. Sujet de l'entretien : Hillary Clinton et sa propension à se retrouver dans le pétrin à cause de son manque de jugement, de transparence ou de sens éthique.

Le professeur Renshon est un interlocuteur de choix au moment où le FBI finalise son enquête sur la façon dont la candidate présidentielle du Parti démocrate a géré ses courriels alors qu'elle était secrétaire d'État. Auteur de plusieurs livres sur la psychologie des présidents et des prétendants à la Maison-Blanche, il estime que Clinton tombe dans la catégorie des politiciens pour lesquels «la fin justifie les moyens».

«Dans un sens, Hillary est victime de son propre succès. Elle a survécu à plusieurs controverses en fournissant des explications trompeuses ou mensongères pour lesquelles elle n'a jamais eu à rendre des comptes», dit le professeur.

«Elle se voit comme une bonne personne qui peut contourner les règles pour atteindre des objectifs louables et se défendre contre des ennemis acharnés», ajoute-t-il.

Au fil de l'entretien, Stanley Renshon me parle d'un de ses livres, intitulé *The Psychological Assessment of Presidential Candidates (L'évaluation psychologique des candidats présidentiels).* L'ouvrage est paru en 1996, la même année où Hillary Clinton est devenue la première Première dame à comparaître devant un grand jury. Chargé d'enquêter sur l'affaire Whitewater, le procureur indépendant Kenneth Starr l'avait convoquée pour la questionner sur la découverte mystérieuse à la Maison-Blanche de ses relevés d'honoraires en tant qu'avocate au sein du cabinet juridique Rose à Little Rock, capitale de l'Arkansas.

Le professeur me lit au téléphone un passage du livre qui traite de ces aspirants à la Maison-Blanche «dont l'ambition est alimentée par un sens passablement primitif de leur valeur»: «Cela se traduit souvent par une tendance à prendre des raccourcis, à ne pas être entièrement honnête, à décrire toujours les choses sous le meilleur éclairage [...] et à être prêt à contourner les règles si nécessaire. De telles personnes sont susceptibles d'avoir des démêlés avec la justice.»

«Ça s'applique parfaitement à Hillary Clinton», précise-t-il.

Je me dis que Donald Trump tombe dans la même catégorie, mais je n'exprime pas cette idée. Après tout, j'ai décidé d'écrire un article sur les failles d'Hillary Clinton, histoire d'assurer un semblant d'équilibre dans ma couverture de la campagne présidentielle, tâche ardue, voire impossible compte tenu des failles de son rival. À la fin de notre entretien, je demande au professeur s'il a quelque chose d'autre à ajouter sur ce sujet ou n'importe quel autre. Il répond par l'affirmative.

— Je vous écoute, lui dis-je.

— Je crois que Trump va l'emporter contre Clinton, réplique-t-il.

— Ah oui ? Ce n'est pourtant pas ce que disent les sondages. Comment en arrivez-vous à cette prédiction ?

— Trump a le meilleur message. Il dit ce que tout le monde pense. Il aborde des sujets dont personne ne veut parler. Il se fait le porte-parole de ceux qui ont le sentiment d'avoir été ignorés, et il exploite la colère. Quelle est cette colère ? C'est la colère des Américains ordinaires qui ont l'impression qu'on leur ment, que les politiques qu'on leur a promises ne fonctionnent pas. C'est la colère de ceux dont on ne tient pas compte. Trump leur dit : "Vous avez raison. Regardez-moi, je vais m'assurer qu'ils tiennent compte de moi. Je ferai la même chose pour vous."

Après une brève pause, le professeur Renshon me demande :

— Avez-vous déjà assisté à l'un de ses rassemblements ?

— Oui.

— Et puis, qu'en avez-vous pensé ?

★

Le rassemblement de Donald Trump a lieu dans une ancienne usine aéronautique de Bethpage, à Long Island, une banlieue new-yorkaise où les républicains sont assez nombreux pour élire un candidat de leur parti à la Chambre des représentants des États-Unis.

Plusieurs milliers de personnes sont entassées dans cet immense hangar qui sert aujourd'hui de studios pour le tournage de films ou de séries de télévision. Les hommes forment la majorité au sein de cette foule représentant un large éventail d'âges. Ils sont presque tous blancs et issus de la classe moyenne.

« La majorité silencieuse soutient Trump », peut-on lire sur les affiches que plusieurs partisans du candidat républicain se sont vu remettre en arrivant sur les lieux. D'autres sont coiffés de la casquette emblématique de la campagne de Trump, ornée du slogan désormais célèbre « Rendre sa grandeur à l'Amérique ».

J'assiste à mon premier rassemblement de Donald Trump, une sorte de baptême de feu auquel tout journaliste doit se soumettre, semble-t-il, pour comprendre le phénomène qui est en passe de transformer le Parti républicain. J'ai déjà interviewé quantité de ses partisans dans d'autres circonstances, éprouvant toujours un certain étonnement devant l'admiration sans borne et la confiance totale qu'il inspire auprès d'eux.

Je me souviens notamment de cette agente immobilière de Boston qui faisait la queue sur le trottoir de la 56e Rue, à l'ombre de la Trump Tower, pour faire dédicacer par Donald Trump les trois exemplaires du nouveau livre du milliardaire, *Crippled America – How to Make America Great Again (L'Amérique estropiée – Comment rendre sa grandeur à l'Amérique)*, qu'elle venait de se procurer.

Vêtue d'un élégant tailleur-pantalon, Patricia Donavan avait passé la nuit dans un hôtel de Manhattan après avoir appris que le candidat républicain à la présidence tiendrait à New York une séance de dédicaces de son nouveau livre, dont elle avait déjà dévoré les 67 premières pages (sur 200).

« J'ai lu tous ses livres », dit cette résidente de Beacon Hill, quartier cossu de Boston. « Et je voulais qu'il soit président avant même qu'on commence à en parler. Il dit exactement ce que je pense. Les valeurs qu'il défend sont celles que j'ai inculquées à mes enfants. Je veux qu'il gagne. »

J'entends la même admiration, la même confiance et aussi le même espoir dans les voix des partisans de Donald Trump que j'interviewe à Long Island pendant que résonne aux quatre coins du hangar une musique rock tonitruante. Les uns ne jurent que par l'expérience de Donald Trump en tant qu'homme d'affaires. Les autres célèbrent son franc-parler, son refus de se plier à la rectitude politique, son attitude pugnace ou le simple fait qu'il ne soit pas un politicien.

«Nous avons besoin d'un vrai changement», me dit Robert Young, un officier de justice accompagné de son fils aîné, Mark, étudiant dans une université publique de New York. «Nous en avons assez des mêmes personnes. Il ne peut pas faire pire que ceux que nous avons maintenant.»

Mark enchaîne: «Il est le seul qui puisse battre Hillary. Les autres n'ont pas assez de stature pour faire face à la machine des Clinton.»

Theodore Dwyer, un ambulancier, tient à dire qu'il n'approuve pas tout ce qui sort de la bouche de Donald Trump. «Mais je pense qu'il est le seul à pouvoir secouer un système qui a besoin de l'être», dit cet homme aussi sympathique que les autres.

Bref, à quelques exceptions près, tous les partisans à qui je parle me semblent plutôt normaux, même si je ne comprends ni leur admiration, ni leur confiance et encore moins leur espoir concernant Donald Trump.

★

«Build the wall! Build the wall! Build the wall!»

Avant même que Donald Trump aborde la question du mur qu'il promet de construire le long de la frontière sud, ce cri impérieux monte de la foule. Il a suffi que le candidat républicain se mette à parler non pas d'immigration illégale, mais de commerce entre les États-Unis et le Mexique.

«Nous avons maintenant un déficit commercial de 58 milliards de dollars avec le Mexique», lance-t-il sur un ton indigné. «Et nos entreprises quittent malheureusement notre pays pour s'installer à l'étranger. Nos entreprises sont déracinées et délocalisées au Mexique ou ailleurs. Tout le monde se cherche un emploi, et vous savez quoi, nous allons mettre fin à cette pratique. Nous allons garder nos compagnies et nous allons ramener les emplois aux États-Unis.»

Sur ces mots, le cri s'élève:

«Build the wall! Build the wall! Build the wall!»

Un sourire se dessine sur le visage de l'ancienne star de la téléréalité, qui s'éloigne alors du micro pour laisser ses partisans s'épancher librement. Une atmosphère électrique se dégage de la foule.

«Nous allons avoir une frontière forte», reprend le candidat après s'être rapproché du micro. «Nous allons construire un mur. Ce sera un vrai mur. Êtes-vous prêts? Êtes-vous prêts? Êtes-vous prêts? Qui va payer pour le mur?»

— Le Mexique! rugissent les partisans de Trump à l'unisson.

— Qui?

— Le Mexique!

— À 100%... Ça va arriver, mes amis. Ça va arriver. 100%.

«Build the wall! Build the wall! Build the wall!»

Je regarde autour de moi. Personne ne semble échapper à la montée de tension au sein de la foule.

Trump laisse de nouveau la foule s'époumoner avant de revenir au micro. «Quelqu'un a-t-il entendu *The Snake*?» demande-t-il en brandissant une feuille de papier.

Mais il semble oublier aussitôt sa question pour se lancer dans une attaque frontale contre ses deux derniers rivaux républicains, le sénateur du Texas Ted Cruz et le gouverneur de l'Ohio John Kasich, qu'il affrontera dans moins de deux semaines à l'occasion de la primaire républicaine de New York.

Après avoir fait rire la foule en se moquant de «Lyin' Ted», son plus sérieux rival, Trump adresse un reproche commun aux deux hommes : ils appuient le Partenariat transpacifique (TPP), un «accord qui serait désastreux», précise l'homme d'affaires en promettant de renégocier tous les traités de libre-échange signés par les États-Unis. C'est l'un des thèmes majeurs de son discours avec le renforcement des frontières du pays, l'augmentation des dépenses militaires et le retour d'une Amérique «qui gagne». («Nous ne gagnons plus», se lamente-t-il.)

Après avoir dénoncé le TPP et l'ALENA (Accord de libre-échange nord-américain), Trump promet de mettre au pas les compagnies américaines comme Ford, Nabisco et Carrier qui projettent de délocaliser des milliers d'emplois dans de nouvelles usines construites au Mexique. «Les politiciens ne savent comment s'y prendre [pour stopper ces compagnies], ils ne sauront jamais comment s'y prendre. Et s'ils finissent par découvrir comment s'y prendre, ils ne feront rien, car ils sont vendus aux intérêts de leurs gros donateurs. Moi, si je suis élu, je dirai à Carrier : "J'espère que vous allez aimer votre nouvelle usine au Mexique, car chaque fois que vous allez envoyer un climatiseur aux États-Unis, nous allons imposer une taxe de 35 % sur cet appareil."»

«Ils vont dire: "Monsieur le président, nous avons décidé de ne pas quitter les États-Unis." C'est tellement facile», conclut Trump.

La foule ne semble pas en douter, qui se met dès lors à scander: *«USA! USA! USA!»*

★

J'en suis à mon premier rassemblement de Donald Trump, mais j'ai lu assez de comptes rendus pour réaliser que le discours typique du candidat, malgré ses improvisations et ses bifurcations, suit un certain schéma. Et nous voici arrivés au moment où Donald Trump s'en prend aux médias.

«La presse est tellement sale, la presse est tellement mauvaise, grogne-t-il. Ils sont terribles. Regardez-les», ajoute-t-il en pointant la tribune où sont regroupés les journalistes et caméramans de la télévision. «Ces gens-là sont terribles.»

La foule se met à huer et à invectiver copieusement les journalistes.

«Les chaînes ne veulent jamais pointer leurs caméras sur mes foules parce que celles-ci sont tellement grosses», ajoute Trump.

Au moment où le candidat prononce ces mots, une bagarre éclate entre un partisan de Trump et un protestataire. Pendant que des membres du personnel de sécurité interviennent, Trump s'adresse à la foule sur un ton goguenard.

«Vous voulez qu'on le sorte? demande-t-il. Il faut le sortir.»

En s'adressant au personnel de sécurité, il ajoute: «Ne faites pas mal à cette personne. Ne faites pas mal à cette personne. Ne lui faites pas mal.»

Puis, en parlant de nouveau à la foule, il ajoute: «Un rassemblement de Trump, n'est-ce pas le summum? N'est-ce pas le summum? Il faut le sortir!»

Quand le calme revient, Trump ressort sa feuille de papier et annonce qu'il va lire un «poème» intitulé *The Snake (Le Serpent).* Il s'agit en fait des paroles d'une chanson créée en 1968 et interprétée par le chanteur *soul* Al Wilson, que Trump confond avec Al Green. La chanson raconte l'histoire d'une femme qui trouve dans la rosée matinale un serpent à moitié mort de froid et le ramene à la santé. Mal lui en prit, car le serpent, après avoir recouvré ses forces, lui inflige une morsure mortelle.

En lisant le «poème», Trump adopte une posture théâtrale, grimaçant notamment au moment où frappe le «vicieux serpent» (le mot «vicieux» ne se retrouve pas dans la chanson, le candidat l'ajoutant pour bien souligner la vilenie du reptile). Dans l'esprit du candidat, le serpent représente les immigrés clandestins et les réfugiés syriens qui menacent, selon lui, la sécurité des États-Unis.

«Croyez-moi, croyez-moi, notre pays doit commencer à être dur», dit Trump après la lecture du «poème». «Nous devons être vigilants. Nous devons être intelligents... Nous ne voulons plus d'avions qui s'enfoncent dans le World Trade Center. Nous ne voulons plus d'avions qui s'enfoncent dans le Pentagone... Nous allons dire l'Amérique d'abord, l'Amérique d'abord... Nous allons recommencer à gagner.»

Et la foule galvanisée de se remettre à scander: *«Build the wall! Build the wall! Build the wall!»*

★

Ce que j'en pense? Donald Trump est le serpent.

14

Deux journées en septembre

Le téléphone sonne pour la troisième fois en moins de cinq minutes dans l'appartement montréalais de ma sœur, où j'ai déposé ma valise la veille. Cette fois-ci, je sors du lit pour répondre, me doutant que la boîte vocale ne satisfera pas la personne qui appelle à cette heure matinale. Ma sœur, qui travaille à la salle de rédaction de *La Presse*, est au bout du fil.

— Un avion vient de s'écraser dans une tour du World Trade Center ! m'annonce-t-elle d'une voix tendue.

— Quel type d'avion ? lui demandé-je en pensant qu'il s'agit sûrement d'un petit appareil.

— Un Boeing !

— Un Boeing? Mais quel temps fait-il à New York? Y a-t-il un brouillard épais, des nuages bas?

— Non, il n'y a pas un seul nuage dans le ciel! Est-ce que je peux dire aux patrons que tu pars tout de suite pour New York?

— Oui.

Lorsque je prends la route de l'aéroport au volant de ma voiture de location, un deuxième Boeing s'est encastré dans l'autre tour jumelle. L'estomac noué, je pense à ma femme, Nicole, qui travaille à quelques pâtés de maisons du World Trade Center. J'ai tenté en vain de la joindre au téléphone avant de partir, mais je n'ai même pas eu accès à sa boîte vocale. Sa ligne était occupée.

Et je maudis cette idée de malheur qui m'a fait quitter New York la veille. J'avais prévu passer une partie de la semaine à Montréal pour rencontrer des éditeurs intéressés à publier mon roman historique sur les voyageurs canadiens-français qui ont participé à l'expédition de Lewis et Clark dont le bicentenaire allait bientôt être célébré. Quel flair journalistique! Quel sujet anachronique!

Arrivé à l'aéroport, je commets ma première erreur de la journée en retournant ma voiture de location avant de me renseigner sur la situation des vols en partance pour les États-Unis. J'apprends vite que ceux-ci ont tous été annulés. Je saute aussitôt dans un taxi pour me rendre à *La Presse*.

Le chauffeur de taxi écoute l'émission *Indicatif présent* de Radio-Canada où j'apprends qu'un avion vient de s'écraser sur le Pentagone, quartier général du département américain de la Défense. «Les États-Unis sont la cible d'une attaque terroriste apparente», a dit le président George W. Bush quelques minutes auparavant. Commentaire de l'animatrice Marie-France Bazzo: «Le XXIe siècle vient de commencer.»

Peu avant d'arriver à *La Presse*, j'entends à la radio une autre nouvelle à peine croyable: la tour sud du World Trade Center vient de s'écrouler. Je tente de nouveau de joindre Nicole avec mon téléphone portable. Toujours le même signal occupé. J'imagine le pire en pensant aux conséquences de l'effondrement d'un gratte-ciel de 110 étages sur les tours avoisinantes.

J'arrive enfin à *La Presse*, où je découvre une salle de rédaction en ébullition, chose rarissime en milieu d'avant-midi. Grâce à un téléviseur installé au centre de la salle, je vois pour la première fois les images des avions s'écrasant dans les tours, de même que celles de l'écroulement de la tour sud. Au même moment, j'apprends que le journal se prépare à publier en après-midi une édition spéciale. On m'informe également que le grand patron, Guy Crevier, tente de noliser un avion pour pouvoir dépêcher des journalistes à New York.

Encore sonné par les images de la télévision, je me dirige vers l'espace de travail de ma sœur. Je lui demande de tenter de joindre Nicole par courriel pendant que j'empoigne un téléphone de la salle pour signaler de nouveau son numéro. Peine perdue.

L'idée de noliser un avion pour aller à New York n'obtient pas plus de succès. L'espace aérien des États-Unis est complètement fermé. Je tenterai donc de me rendre en voiture sur les lieux de la pire attaque terroriste commise sur le sol américain. Un collègue évoque une rumeur voulant que la frontière soit fermée. On verra.

Avant mon départ, ma sœur me fait la bise et se rassoit devant son ordinateur.

— Nicole vient de répondre ! s'exclame-t-elle, le regard braqué sur son écran.

— Que dit-elle ?

En résumé : les responsables de la sécurité de la tour où elle se trouve ont ordonné à tous les occupants de ne pas quitter les lieux jusqu'à nouvel ordre. Personne, ou presque, ne parvient à contacter qui que ce soit par téléphone. Mais la tour n'a pas été touchée. Et comme une bonne partie de la planète, Nicole suit à la télévision ce qui se passe à deux pas de son lieu de travail.

Mon estomac se dénoue un peu.

★

— Où allez-vous ?

Il ne m'arrive pas souvent de me faire poser cette question quand je loue une voiture. Flairant une situation piégée, je décide de tromper le préposé de la compagnie de voitures de location située dans le Complexe Desjardins, non loin de *La Presse*.

— Je m'en vais à Québec.

— Tant mieux, car on ne loue pas de voiture pour des voyages aux États-Unis aujourd'hui.

— Pourquoi?

— Par mesure de précaution. Avec tout ce qui se passe aux États-Unis depuis ce matin…

— On n'est jamais trop prudent.

Je ramasse les clés, monte dans la voiture et file en direction de New York. Le nœud de mon estomac se resserre au fur et à mesure que j'approche de la frontière. Depuis ma mésaventure au poste frontalier de Detroit, il m'arrive parfois, en me présentant devant un agent américain, d'être dirigé vers une pièce où je dois répondre à des questions additionnelles. Semble-t-il que mon dossier comporte une note indiquant qu'on m'a déjà refusé l'accès aux États-Unis.

Je rejoins le poste frontalier de Champlain en début d'après-midi. La frontière est ouverte, mais il n'y a aucune voiture en vue. J'arrête la mienne à la hauteur d'une guérite et tends mon passeport canadien à l'agent frontalier qui s'y trouve.

— Où allez-vous? me demande-t-il.

— New York.

— Où habitez-vous?

— New York.

— Que faites-vous?

— Je suis correspondant de *La Presse*.

— Vous avez toute une histoire à raconter aujourd'hui. Bonne chance.

En prononçant ces derniers mots, l'agent frontalier me remet mon passeport. Je le remercie en tentant de camoufler mon étonnement. Or, ma satisfaction d'avoir passé la frontière aussi facilement ne dure qu'un instant. Je tombe vite sur une station de radio qui diffuse en direct la portion sonore de la couverture des attentats offerte par la chaîne de télévision ABC.

Calme, sobre et efficace, le chef d'antenne Peter Jennings, né à Toronto mais New-Yorkais au plus profond de son âme, enfile sans un seul faux pas les entrevues avec les journalistes d'ABC, les experts, les secouristes, les témoins, les survivants et les responsables américains, dont le maire de New York, Rudolph Giuliani. Sa maîtrise de ses émotions et de ses moyens semble s'accentuer au fur et à mesure que l'ampleur et l'horreur des attaques se précisent.

En fin d'après-midi, alors que je traverse les Catskills, un correspondant d'ABC annonce l'effondrement de la Tour 7 du World Trade Center.

« Le paysage de New York vient de nouveau de changer », commente Jennings après avoir rappelé l'effondrement des tours jumelles. « Et à ce moment-ci, ce n'est pas la ville de New York, ce n'est pas la ville des New-Yorkais, c'est la ville de tout le monde aux États-Unis, aucun doute là-dessus. Tout le monde l'a dit tout au long de la journée, un acte de guerre a été perpétré contre les États-Unis. Quantité de politiciens et de commentateurs, dont nous, ont rappelé qu'il n'y avait pas eu d'attaque semblable contre les États-Unis depuis celle de Pearl Harbor, qui a entraîné les États-Unis dans la Seconde Guerre mondiale.»

«Nous allons poursuivre notre couverture toute la journée, et nous allons continuer pendant toute la soirée à tenter de donner un sens à ce qui se déroule sous nos yeux.»

Je ne peux m'empêcher de pester à nouveau contre ce hasard maudit qui m'a empêché d'être présent à New York pour couvrir la plus importante histoire de ma vie. Je suis vraiment le champion des occasions journalistiques ratées, me dis-je en pensant notamment à ce voyage effectué en l'Europe de l'Est un an avant l'écroulement du mur de Berlin et à ce rendez-vous raté avec Nelson Mandela dans un hôtel du Natal, en Afrique du Sud.

Sur le Tappan Zee Bridge, qui enjambe l'Hudson River, j'oublie mes frustrations en apercevant le panache de fumée qui monte de la pointe sud de Manhattan où se dressaient, ce matin même, les tours du World Trade Center. Combien de personnes ont-elles péri dans ces attaques attribuées à Al-Qaïda ? 5 000, 10 000 ? L'horreur...

★

Impossible de rentrer à Manhattan. Tous les ponts et tunnels sont fermés, *idem* pour le métro. Je prends une chambre dans un hôtel de Queens situé à deux pas de l'aéroport La Guardia. Faute de mieux, je m'entends avec mes patrons pour écrire un compte rendu de l'adresse télévisée que George W. Bush prononcera dans quelques minutes du Bureau ovale de la Maison-Blanche. En attendant, je descends au lobby pour trouver quelque chose à me mettre sous la dent, n'ayant pratiquement rien mangé depuis le matin. Je dois me contenter d'un sac de chips.

Le ton solennel, le 43e président des États-Unis exhorte ses concitoyens à ne pas céder à la peur ou au découragement.

«Les attaques terroristes peuvent secouer les bases de nos plus grands bâtiments, mais elles ne peuvent pas toucher les fondements de l'Amérique. Ces actes brisent l'acier, mais ils ne peuvent pas entamer celui de la détermination américaine. L'Amérique a été visée parce que nous sommes la lanterne de la liberté et des opportunités dans le monde. Et personne n'empêchera cette lumière de briller», dit-il.

Après avoir envoyé mon article, j'appelle Nicole. Elle est retournée à notre appartement à pied en compagnie d'un ami de l'université qui a dû évacuer son appartement situé près de Wall Street.

Elle ne va pas mieux que moi. Mais elle n'est pas seule pour digérer l'immense choc de la journée.

★

Le lendemain matin, je stationne ma voiture de location immatriculée au Québec le long de l'Avenue Jerome, dans le Bronx, en me demandant si je la reverrai un jour. Je n'ai pas le choix de l'abandonner là, ne serait-ce que pour la journée: les ponts et les tunnels vers

Manhattan sont toujours fermés. Mais je peux rentrer à la maison en métro.

La plupart des passagers de mon wagon lisent un journal ou échangent des regards furtifs où se mêlent la peur et la méfiance. «IT'S WAR», titre le *Daily News* à la une. La manchette du *New York Post* est de la même eau: «ACT OF WAR». Sur six colonnes à la une, le *New York Times* évite la surenchère: «U. S. ATTACKED».

J'ai l'impression d'être dans un film. Impression qui sera renforcée à ma sortie du métro à la station Union Square. Ce qui m'étonne d'abord, en marchant vers mon appartement avec ma petite valise à roulettes, c'est le silence. De la 14e Rue jusqu'au bout de l'île de Manhattan, territoire qui correspond au *downtown* new-yorkais, les voitures ordinaires n'ont pas le droit de circuler depuis la veille. Les piétons peuvent déambuler au milieu des rues et entendre un bruit presque inconnu à New York: le gazouillement des oiseaux. Dans le ciel azuré, pas un nuage, seulement une colonne de fumée blanche montant des ruines du World Trade Center.

Un peu partout, des scènes inédites se produisent.

Dans Greenwich Village, une queue s'étirant sur plus d'un pâté de maisons s'est formée devant le kiosque à journaux d'Astor Place. Un jeune couple fait la file en lisant deux journaux. L'homme a le nez plongé dans le *Daily News*, la femme lit le *New York Post*. Ils veulent acheter le *New York Times*. «C'est plus complet», dit l'homme, qui avoue avoir passé des heures et des heures depuis la veille à regarder les reportages télévisés sur l'attaque contre les États-Unis.

Tina Ball, accompagnée de sa fille de 5 ans, veut également acheter le *New York Times*. Son exemplaire habituel n'a pas été livré à son appartement de la 5e Avenue. « C'est intéressant de voir comment les gens ont soif de substance », dit-elle.

Il y a des files partout, non seulement pour acheter des journaux, mais également pour donner du sang, du temps, de la nourriture ou encore pour se renseigner sur un être cher qui travaillait au World Trade Center.

« Je n'ai plus de nouvelles de lui depuis 8 h 15 hier matin », dit Monica Gabrielle, qui fait la queue devant un pavillon de la New School University pour savoir si le nom de son mari se trouve sur la liste des personnes hospitalisées à New York après les attaques contre le World Trade Center.

L'époux, Richard Gabrielle, travaillait pour une compagnie d'assurances, au 103e étage de la tour sud.

« C'est horrible », dit Monica, qui a vu la tour sud s'effondrer. « C'est surréel. Je ne peux pas croire que c'est arrivé. »

La tristesse contribue au silence. Que dire devant une horreur qui ne fera que croître avec le décompte des victimes ?

Judy Minor, metteure en scène de 33 ans, ne sait pas quel mot choisir pour décrire ses sentiments. « Je suis choquée, incrédule, estomaquée, muette, terrifiée, enragée, démunie », dit-elle en faisant la file pour s'inscrire sur une liste de bénévoles devant l'hôpital St. Vincent, dans Greenwich Village. «Je suis venue ici parce que je ne peux pas supporter l'idée de rester à la maison et de regarder les nouvelles à la télévision.»

La femme de théâtre admet que les attaques terroristes ont fait surgir en elle un «fort sentiment de patriotisme, évidemment». Hier, elle dit avoir souhaité que son gouvernement se serve de sa force militaire pour écraser les pays qui soutiennent le terrorisme. Aujourd'hui, elle se montre plus nuancée. «Je veux que nous utilisions les moyens sophistiqués qui sont à notre disposition pour cibler spécifiquement les leaders, dit-elle. Je ne veux pas de victimes parmi les innocents. Mais mon vœu ne sera probablement pas exaucé.»

Le soir, je retrouve Nicole. Moment d'émotion à la fin de deux journées de septembre qui ne nous détourneront pas de l'envie de mettre au monde un innocent de plus.

15
Anxiété

Sur le t-shirt bleu marine de Steve Tonas, le nombre 11 est représenté par les tours jumelles du World Trade Center et précédé par le chiffre 9. Inscrite en caractères blancs, la date fatidique – « 911 » – s'imbrique dans un message qui s'étale sur la large poitrine de cet électricien du nord de l'État de New York : « Le 11-Septembre était une opération intérieure. »

Coiffé d'une casquette à l'envers, Tonas se trouve dans un parc situé sur le bord de la rivière Cuyahoga, à Cleveland. Il participe à un rassemblement organisé par le groupe Citizens for Trump en marge de la convention du Parti républicain, qui s'ouvrira dans quelques heures.

Il ne détonne pas trop dans une foule de plusieurs centaines de personnes attirées en grande partie par un des orateurs du rassemblement, Alex Jones, animateur de radio, fondateur du site Infowars et grand conspirationniste devant l'Éternel. Jones a déjà accusé le gouvernement américain d'avoir orchestré non seulement les attaques du 11-Septembre, mais également l'attentat d'Oklahoma City, en 1995, et la fusillade de l'école primaire de Sandy Hook, en 2012. Or, malgré ses divagations paranoïaques, il a eu l'insigne honneur d'interviewer Donald Trump, qui reprend souvent à son compte ses fausses nouvelles.

«Votre réputation est incroyable», lui a dit le candidat républicain à la fin d'une longue interview diffusée en décembre 2015.

Rien de cela n'a échappé à Steve Tonas, qui ne paraît pas ses 56 ans.

«Je me sens conforté par le fait que Trump ait forcé Jeb Bush à abandonner la course, me dit-il. Bush n'arrêtait pas de parler du 11-Septembre et de la guerre en Irak.»

— Trump n'a quand même pas dit que le 11-Septembre était une opération intérieure, lui fais-je remarquer.

— Non, il ne peut pas se permettre d'être aussi direct en tant que candidat à la présidence. Mais il a réclamé la publication des 28 pages qui ont été omises du rapport de la commission d'enquête sur le 11-Septembre. Le fait d'entendre quelqu'un qui a la crédibilité de Donald Trump dire cela justifie tout mon travail des dix dernières années comme activiste.»

L'influence d'Alex Jones ne se limite pas aux *truthers* comme Steve Tonas. Elle se voit également dans le nombre de ses fans qui portent une arme de poing à la hanche ou un fusil semi-automatique en bandoulière. Encouragés par Jones, ils profitent de la loi de l'État de l'Ohio qui autorise le port d'arme de manière visible. « C'est une expression politique », explique Steve Roberts, qui se promène parmi la foule avec un AR-15 en bandoulière. « Nous avons le droit de porter des armes à feu. »

Un droit qu'Hillary Clinton et ses alliés démocrates veulent éliminer, ne cesse de répéter Alex Jones presque quotidiennement en criant dans son micro.

L'influence de l'animateur radiophonique se manifeste également par l'omniprésence d'un autre t-shirt. Vendu sur le site Infowars pour 19,99 $, celui-ci porte l'inscription « Hillary for Prison 2016 ». Les nombreux membres de la foule qui le revêtent rêvent de voir la candidate présidentielle du Parti démocrate derrière les barreaux pour diverses raisons. John Lerner, un retraité de Columbus, en Ohio, lui reproche surtout d'avoir négligé la sécurité de la mission américaine de Benghazi, où quatre de ses compatriotes sont morts lors d'une attaque terroriste le 11 septembre 2012.

« C'est une menteuse invétérée », dit-il, assis sur une chaise pliante au milieu de la foule. « Elle a tout fait pour camoufler sa responsabilité. Elle est indigne de la présidence. »

Quand Alex Jones s'empare à son tour du micro, la foule s'avance en masse vers une scène protégée par des colosses barbus portant des t-shirts sur lesquels on peut lire «Bikers for Trump». Après avoir dénoncé les «mondialistes» et comparé 2016 à 1776, année de l'indépendance des États-Unis, l'animateur reprend ses fulminations habituelles au sujet de l'ancienne secrétaire d'État.

«Hillary est une agente étrangère des Chinois communistes, des Saoudiens et de plusieurs autres. Aucun organe de presse n'a couvert ça parce que ça la détruirait. Mais ça n'a pas d'importance. Nous avons diffusé l'information.»

D'autres sujets passionnent les orateurs. L'un d'eux, Ken Crow, fondateur du Tea Party of America, se vante d'avoir comparé l'immigration à l'accouplement d'un pur-sang et d'un âne lors d'une interview diffusée sur la chaîne câblée MSNBC. Il s'esclaffe en rappelant l'indignation de l'animatrice Rachel Maddow, qui lui avait reproché cette comparaison.

«Vous voulez dire monsieur Maddow!» lance un membre de la foule, faisant sans doute allusion au lesbianisme de la star de MSNBC.

Peu après, Crow signale la présence dans la foule de l'animateur de Fox News Geraldo Rivera, né à New York d'un père portoricain et d'une mère juive. À la mention de son nom, la foule fait entendre des huées. Et l'un de ses membres se met à scander: *«Build the wall! Build the wall! Build the wall!»*

Mais Hillary Clinton occupe une place de choix dans le cœur des orateurs. Roger Stone, ex-conseiller de Richard Nixon et confident de longue date de Donald

Trump, est le dernier à s'exprimer. Vêtu d'un complet blanc, il multiplie les insinuations sur la candidate démocrate. À mots couverts, il l'accuse même d'avoir orchestré le meurtre de l'ancien conseiller juridique de la Maison-Blanche Vince Foster, dont la mort a été officiellement qualifiée de suicide.

« Des fibres de tapis ont été retrouvées sur son corps. Ils l'avaient enroulé dans un tapis », dit-il en décrivant Clinton comme une « criminelle déséquilibrée, bipolaire, cupide, grossière et coléreuse. »

« Elle est un reptile ! » s'écrie un des membres de la foule.

« Une menteuse ! » lance un autre.

« Un lézard ! » suggère un troisième.

★

J'en suis parfaitement conscient : la foule réunie par le groupe Citizens for Trump ne peut être confondue avec les délégués républicains qui sont arrivés à Cleveland pour désigner le promoteur immobilier de New York comme candidat de leur parti à l'élection présidentielle.

Cette foule ne compte pas ou peu de partisans tièdes à l'égard de Donald Trump et encore moins de républicains hostiles à ce dernier. Elle n'est pas composée en majeure partie de gens riches ou actifs au sein du Parti républicain à l'échelle de leur État ou de leur circonscription. Mais elle ne comporte pas non plus de gens démunis financièrement. En fait, plusieurs des participants au rassemblement baptisé « L'Amérique d'abord » ont parcouru de grandes distances en voiture ou en avion pour passer quelques jours à Cleveland, louant à fort prix des chambres dans un hôtel ou un Airbnb.

Je conviens également que la plupart des membres de cette foule sont plus excessifs que la moyenne des électeurs républicains. Mais, à quelques exceptions près, ils partagent les mêmes idées que la moyenne des partisans de Donald Trump sur Hillary Clinton, l'immigration illégale, les armes à feu et les élites médiatiques, entre autres.

Sont-ils intéressés par les questions économiques? Sans doute. Mais il me semble évident que ces questions ne viennent pas aux premiers rangs de leurs préoccupations ou de celles des orateurs qui s'adressent à eux. Et j'inclus parmi ceux-ci Donald Trump, dont les allusions aux déficits commerciaux des États-Unis à l'égard de la Chine ou du Mexique semblent souvent n'avoir qu'un objectif: exacerber la xénophobie de ses partisans.

De plus, à trois jours du sacre de Donald Trump à Cleveland, j'ai l'impression que les médias sont en train de commettre une deuxième erreur. Après avoir minimisé les chances du novice politique de remporter l'investiture républicaine pour la présidence, ceux-ci insistent désormais pour voir en Trump le champion d'une classe ouvrière ayant souffert des transformations économiques des 30 dernières années.

Or, si les partisans de Trump sont mécontents de la direction de l'économie américaine, ils sont loin d'appartenir majoritairement à une classe ouvrière qui aurait été laissée pour compte. En fait, ils se portent mieux sur le plan économique que la plupart des Américains. Le revenu familial médian d'un électeur de Trump s'élève à 72 000 $, selon une analyse réalisée par le statisticien Nate Silver à partir des sondages effectués à la sortie des bureaux de vote lors de 23 primaires et des données du recensement. À l'échelle nationale, le revenu familial médian se situe à 56 000 $. À titre comparatif, le revenu familial médian d'un électeur d'Hillary Clinton ou de Bernie Sanders est de 61 000 $.

Dans un texte sur le sujet, Silver dénonce «la mythologie du soutien de la "classe ouvrière" pour Trump». «Cela ne veut pas dire que les électeurs de Trump sont contents de la situation économique, écrit-il. Des majorités importantes de républicains dans chaque État ont dit qu'ils étaient "très inquiets" de la situation économique américaine, selon les sondages réalisés à la sortie des bureaux de vote, et ces électeurs ont été plus enclins à voter pour Trump. Mais cette anxiété ne reflète pas nécessairement leurs circonstances économiques, lesquelles, pour plusieurs électeurs de Trump, au moins dans un sens relatif, sont raisonnablement bonnes.»

Les politologues Nicholas Carnes et Noam Lupu sont du même avis. Après avoir analysé les données d'un sondage réalisé en mars 2016 pour la chaîne NBC, ils ont conclu que «la vaste majorité» des électeurs qui ont voté pour Trump lors des primaires n'appartenaient pas à la classe ouvrière.

Certes, ont-ils noté, plus de 70% de ces électeurs ne possédaient pas de diplômes universitaires. Mais, ont-ils rappelé, environ 70% de l'ensemble des électeurs républicains tombaient dans la même catégorie. Catégorie qui ne signifie pas automatiquement qu'une personne appartient à la classe ouvrière.

En somme, s'il y a anxiété chez les électeurs de Donald Trump, celle-ci tient probablement moins à l'économie qu'à la culture ou à l'identité. Anxiété qui se manifeste lorsque les partisans du candidat républicain scandent d'une seule voix *«Build the wall! Build the wall! Build the wall!»* dès qu'il est question d'immigration illégale et même parfois d'immigration légale. Comme si ce mur à la frontière sud pouvait repousser le jour où l'Américain blanc perdra son statut majoritaire aux États-Unis.

Anxiété qui s'exprime aussi dans cet appel à l'emprisonnement d'Hillary Clinton, dont les fautes sont magnifiées au point de la transformer en monstre dont il faut se protéger en la mettant derrière les barreaux. Comme si les partisans voulaient également éloigner à tout prix le jour où ils seront dirigés par une femme.

Anxiété qui se traduit, enfin, par cette propension à accepter les théories de conspiration les plus détestables et les raisonnements les plus fallacieux concernant les réfugiés issus de pays musulmans. La réalité veut qu'aucun d'entre eux ne soit admis aux États-Unis avant d'avoir été soumis à une vérification rigoureuse de ses antécédents, et cela, en territoire étranger.

Mais cette réalité disparaît dans le tourbillon de la peur qui emporte les partisans de Donald Trump vers les rivages de l'intolérance et de l'insensibilité.

Et cette dérive trouve aujourd'hui son expression la plus pure dans le rassemblement organisé par le groupe Citizens for Trump sur le bord de la rivière Cuyahoga.

16

Coup de froid

«Don't be economic girlie-men!»

En entendant Arnold Schwarzenegger prononcer ces mots, les délégués de la convention républicaine de New York se lèvent d'un bloc pour acclamer le gouverneur de la Californie, dont l'accent autrichien résonne aux quatre coins du Madison Square Garden.

Un grand frisson me traverse le corps. Je me doute bien d'avoir attrapé un rhume en me mêlant depuis deux jours à ces milliers de délégués qui renverront George W. Bush dans la bataille à l'occasion de l'élection présidentielle de 2004. Mais je ne peux m'empêcher de penser que je dois ce coup de froid aux propos des orateurs de la soirée, dont ceux de l'ex-Terminator.

«Il y a une autre façon de démontrer que vous êtes un républicain», vient-il de dire à la foule qui boit ses paroles comme du petit lait. «Vous avez foi en la libre entreprise, foi en l'ingéniosité du peuple américain et foi en l'économie américaine. Et aux critiques qui sont si pessimistes au sujet de notre économie, je dis: "*Don't be an economic girlie-man!*"»

L'ovation dure une vingtaine de secondes. De toute évidence, l'expression *girlie-man* a fait mouche. Elle a pour origine un sketch de l'émission satirique *Saturday Night Live* mettant en scène deux culturistes autrichiens joués par les comédiens Dana Carvey et Kevin Nealon qui l'utilisent pour se moquer de ceux qu'ils qualifient de «perdants pitoyables et flasques».

Schwarzenegger la reprend ce soir-là à son compte pour dénigrer les démocrates en général et les membres de leur «ticket» présidentiel, John Kerry et John Edwards en particulier. Edwards a notamment retenu l'attention avec son discours sur «les deux Amériques» opposant l'Amérique de Bush, celle des lobbyistes de Washington, des intérêts particuliers et des PDG, à l'Amérique des laissés-pour-compte, celle des anciens travailleurs de l'acier de l'Ohio ou de la Pennsylvanie, rejetés par une économie en transformation, et de tous les autres membres de la classe ouvrière qui doivent aujourd'hui se battre pour vivre au jour le jour.

Tu déplores les conséquences de la désindustrialisation du Midwest? Tu n'es qu'un *economic girlie-man*. Tu dénonces les inégalités économiques après une récession dont sont sortis indemnes les Américains les plus riches? Tu n'es qu'un *economic girlie-man*.

À la fin de la soirée, John Kerry sera lui-même réduit à une caricature brutale, celle du *girlie-man* tout court, expression que l'on peut très bien traduire par le québécisme «moumoune». L'émasculation du candidat démocrate à la présidence ne tient pas seulement à ses positions économiques. Elle s'étend également aux politiques en matière de sécurité nationale de celui qui s'était drapé dans sa bravoure d'ancien combattant du Vietnam lors de la convention démocrate de Boston, tenue une semaine plus tôt.

«Kerry laisserait le soin à Paris de décider quand l'Amérique a besoin d'être défendue», dit le sénateur de la Géorgie Zell Miller à son tour au micro, critiquant le candidat démocrate pour une entrevue accordée en 1971 au *Crimson Tide*, le journal de l'Université Harvard.

Dans cette entrevue reniée depuis lors, Kerry faisait valoir que le recours à la force par les États-Unis dans un conflit étranger devait être approuvé par le Conseil de sécurité des Nations Unies. Comme la France y dispose d'un veto, cela aurait permis en théorie à Paris de s'opposer à toute intervention militaire américaine.

Or, en ce début de septembre 2004, il n'y a pas grand-chose de plus «moumoune» aux yeux d'un républicain que la France ou l'ONU, le pays et l'organisation ayant tous les deux refusé de donner le feu vert à l'invasion de l'Irak réclamée par George W. Bush.

★

Le lendemain des discours de Schwarzenegger et de Miller, l'ancien gouverneur républicain du Wisconsin, Tommy Thompson, accole l'expression *girlie-men* aux opposants de la guerre en Irak lors d'un discours devant les délégués de son État. Des moumounes, tous ceux qui constatent que le renversement de Saddam Hussein n'a pas réduit mais décuplé la violence terroriste dans le monde, comme en font foi les manchettes des journaux? Des moumounes, tous ceux qui remettent en cause la justification de l'invasion de l'Irak après l'absence confirmée d'armes de destruction massive au pays de Saddam? Des moumounes, tous ceux qui sont révulsés par le scandale d'Abou Ghraib, cette prison où des militaires américains et des agents de la CIA ont maltraité, torturé et exécuté des prisonniers irakiens entre 2003 et 2004?

Face à Kerry et aux autres *girlie-men* qui s'émeuvent de ces questions-là, il y a George W. Bush, dépeint par les républicains réunis à New York comme un leader inébranlable face au terrorisme. Le culte du chef atteint un sommet lorsque l'ancien maire de New York Rudolph Giuliani monte à la tribune du Madison Square Garden et compare le président républicain à Winston Churchill, dont un buste occupe désormais une place de choix dans le Bureau ovale de la Maison-Blanche.

Giuliani rappelle ensuite aux délégués les mots qu'il dit avoir confiés au chef de police de New York en voyant les tours enflammées du World Trade Center, le matin du 11 septembre 2001: «Dieu merci, George W. Bush est président.»

C'est gros, peut-être trop, comme l'insistance de ce même président à lier les attentats du 11-Septembre à la guerre en Irak. Le soir où il accepte l'investiture républicaine pour l'élection présidentielle de 2004,

George W. Bush déclare aux milliers de délégués républicains et aux dizaines de millions de téléspectateurs américains: «Devais-je oublier les leçons du 11-Septembre et croire les paroles d'un fou, ou devais-je agir pour défendre le pays? Devant ce choix, je défendrai l'Amérique chaque fois.»

Et la foule du Madison Square Garden de se lever d'un bloc pour crier son appui au président et agiter des milliers de petits drapeaux américains.

Quelques jours plus tard, toujours enrhumé, je dresse pour le journal un bilan de la convention républicaine. Tenu à six kilomètres de Ground Zero, l'exercice est considéré comme un franc succès. Et les premiers sondages sont à l'avenant: les hebdomadaires *Time* et *Newsweek* publient tous les deux des baromètres donnant une avance de plus de dix points de pourcentage à George W. Bush sur John Kerry.

Cette avance est susceptible d'être réduite ou même effacée dans la dernière ligne droite. Mais, au lendemain de cette convention, les démocrates sont décontenancés, dégonflés ou paniqués. Ils réalisent que leur candidat préféré a été blessé au combat. Son image n'a pas seulement été malmenée pendant la convention républicaine. Elle a également pâti de la campagne de dénigrement dont le sénateur du Massachusetts fait l'objet depuis le début de l'été. Financé en partie par des alliés texans de George W. Bush, un groupe d'anciens combattants du Vietnam accuse Kerry d'avoir exagéré les faits d'armes qui lui ont valu plusieurs décorations militaires. Les médias ont démoli la crédibilité des vétérans anti-Kerry, mais le mal est fait.

Et les démocrates doivent désormais reconnaître que la réélection de leur bête noire est une possibilité réelle.

17

Floués

Mark Cutler est convaincu d'avoir remporté le gros lot à Atlantic City en cette fin des années 1980. Fier héritier d'une entreprise familiale de Philadelphie, il vient de décrocher le contrat pour créer l'enseigne lumineuse qui coiffera le nouveau casino de Donald Trump, le Trump Taj Mahal. Une affaire d'environ 2,5 millions de dollars.

Avant de signer l'entente, Cutler se rend à deux reprises à la Trump Tower de New York, où il rencontre le magnat de l'immobilier. Il découvre un partenaire exigeant, qui insiste sur l'utilisation des meilleurs matériaux pour la fabrication des lettres d'une hauteur de six mètres qui s'illumineront en rouge dans le ciel nocturne de la ville du jeu.

Cutler et son équipe se mettent à l'ouvrage. Au début, tout baigne. Quand Cutler envoie une facture après avoir terminé telle ou telle partie du projet, il reçoit un paiement. Mais cela ne dure pas. Quelques mois avant l'ouverture du casino, les paiements commencent à accuser du retard avant de cesser complètement. Les factures impayées s'élèvent bientôt à 303 000 $. Cutler a du mal à payer ses 50 employés. Pour éviter le naufrage, il puise pendant un certain temps dans l'argent qu'il a mis de côté pour les études de sa fille. Le gros lot qu'il pensait avoir remporté est en train de devenir un gouffre financier.

Mais il n'est pas le seul à souffrir. Trump doit 54 millions de dollars à tous les petits entrepreneurs qui lui ont permis d'ouvrir les portes du Trump Taj Mahal le 2 avril 1990. Près de 40 d'entre eux se regroupent pour réclamer leur dû à l'homme d'affaires. Endetté jusqu'au cou, celui-ci offre de verser immédiatement à chacun le tiers de ce qu'il leur doit. Pour le reste, il réclame la patience des entrepreneurs, histoire de se donner la chance d'émettre des obligations qui devraient lui permettre d'acquitter ses dettes à leur égard dans... dix ans.

Incapable d'absorber ses pertes, Mark Cutler est un des nombreux petits entrepreneurs qui devront déclarer faillite après avoir fourni des services à Trump à Atlantic City. «C'a été dévastateur sur le plan tant financier que mental», dira plus tard Cutler aux auteurs de *Trump Revealed*, une biographie de Trump.

Trump, de son côté, se vantera en 2016 d'avoir réussi à empocher des millions de dollars à Atlantic City dans les années 1990 malgré les faillites de ses trois casinos, dont le Trump Taj Mahal, et celles de nombreux petits entrepreneurs qui ont cru en lui.

★

Assise dans son bureau d'avocate à Miami, Sherri Simpson implore les Américains de ne pas répéter son «énorme erreur» en faisant confiance à Donald Trump. «Tout était prétendument supervisé par Donald Trump, géré par Donald Trump. Tout cela était faux», dit cette mère de famille monoparentale.

Robert Guillo tient des propos semblables du salon de sa résidence de Long Island, en banlieue de New York. «Je me suis fait rouler parce que j'ai cru en Donald Trump. Il peut faire croire aux gens pratiquement n'importe quoi», dit ce retraité à la chevelure blanche.

Kevin Scott est encore plus direct. «Trump n'est rien de plus qu'un charlatan, un imposteur, un maître de la frime», dit-il.

Sherri Simpson, Robert Guillo et Kevin Scott ont au moins quatre choses en commun: ils ont fréquenté l'«université Trump» en 2008 ou 2009. Ils ont chacun dépensé plus de 30 000 $ pour des cours qui devaient leur permettre de découvrir les secrets de Donald Trump pour s'enrichir dans l'immobilier. Ils se sont joints à un recours collectif intenté par l'État de New York contre l'homme d'affaires et son «université». Et ils ont tenu la vedette dans trois pubs anti-Trump diffusées pendant la campagne présidentielle de 2016.

Le cas de Robert Guillo est représentatif de ce qu'ils ont vécu. Le retraité de Long Island a d'abord déboursé 1 495 $ pour assister à un séminaire de trois jours au cours duquel les «professeurs» de l'«université Trump» l'ont convaincu de débourser 34 995 $ pour recevoir un cours d'une durée d'un an assorti d'un mentorat.

Dans un document de cour, Guillo décrit ainsi la pression exercée sur lui par les «professeurs»: «Ils essaient de vous embarrasser en disant: "Pourquoi devez-vous parler à votre femme? Pourquoi devez-vous parler à votre mari? Ne pouvez-vous pas prendre une décision par vous-même? Nous vous offrons l'occasion d'une vie ici."»

Après avoir utilisé sa carte American Express pour payer le coût d'un cours appelé «Trump Golden Elite», Robert Guillo a vite compris que l'objectif premier de ses «professeurs» était de lui soutirer encore plus d'argent en échange d'une formation bidon. Sherri Simpson et Kevin Scott sont arrivés à la même conclusion, tout comme plus de 5 000 autres personnes qui ont pris part au recours collectif de l'État de New York.

Mais Robert Guillo et Kevin Scott n'étaient pas au bout de leurs peines. Après la diffusion de leur pub anti-Trump, ils ont été attaqués par Donald Trump lui-même. Celui-ci a exhumé les témoignages écrits des deux hommes à la fin de leurs cours. Cours qu'ils avaient qualifiés de «merveilleux» ou «excellents».

Guillo et Scott ont par la suite expliqué aux médias ces témoignages positifs par le fait qu'ils s'étaient vus signifier qu'un avis positif était indispensable à la remise de leur diplôme. « C'était une arnaque du début à la fin », a dit Guillo.

★

« Le mot "développer" peut être utilisé dans plusieurs contextes différents. Nous travaillons avec le développeur pour assurer la construction d'un beau produit, mais nous n'étions pas les développeurs. »

Ainsi parle Donald Trump lors d'une déposition sous serment liée à une dizaine de poursuites intentées contre lui par des acheteurs de condos dans le Trump International Hotel & Tower à Fort Lauderdale, en Floride. Ceux-ci accusent notamment le milliardaire new-yorkais de leur avoir menti en leur envoyant des lettres et des documents promotionnels dans lesquels il se présente comme le développeur de la tour et promet « la meilleure et la plus luxueuse expérience que j'ai jamais créée ».

En réalité, Donald Trump n'a fait que « vendre » son nom au développeur, SB Hotel Associates, moyennant plusieurs millions de dollars, montant qu'il touchera indépendamment du succès ou de l'échec du projet. Il s'est en outre associé dans cette affaire à l'un de ses partenaires les plus sulfureux, Felix Sater. Émigré de Russie avec ses parents à l'âge de huit ans, Sater a été condamné à un an de prison en 1993 pour avoir tailladé le visage d'un homme dans un bar avec un verre à margarita. Impliqué cinq ans plus tard dans une manipulation boursière évaluée à 40 millions de dollars et destinée à blanchir l'argent de la mafia russe et de la Cosa Nostra sicilienne, il a été sauvé d'un deuxième séjour derrière les barreaux en devenant informateur du FBI.

Propriétaire d'une petite entreprise de climatiseurs de Coral Springs, en Floride, Naraine Seecharan ne sait pas que Sater est impliqué dans le projet de la Trump International Hotel & Tower lorsqu'il verse un acompte de 289 000 $ pour y acheter un condo, en 2005. Lors de sa poursuite contre Trump, il rappellera la confiance qui l'habitait alors à l'idée d'investir dans un projet développé par la star de l'émission de téléréalité *The Apprentice*. « Je ne peux pas perdre », se souviendra-t-il d'avoir pensé. Mais sa confiance en Donald Trump était mal placée, tout comme celle de plusieurs autres acheteurs de condos qui perdront une bonne partie de leurs mises après l'abandon du projet, en 2009.

Les acheteurs de condos accuseront non seulement Trump d'avoir menti sur son rôle véritable dans le projet, mais également d'avoir caché le passé criminel de son partenaire.

Au cours de sa déposition sous serment, en 2013, Donald Trump jurera ne connaître qu'à peine Felix Sater. « S'il était assis dans la pièce en ce moment, je ne saurais pas de quoi il a l'air », dira-t-il. Sater avait pourtant eu ses bureaux dans la Trump Tower à New York, où il avait été en 2007 un des partenaires de Trump dans le projet de l'hôtel Trump SoHo. Un an plus tard, Sater s'était même vanté d'avoir escorté deux des enfants de Trump, Donald fils et Ivanka, à Moscou, où le père rêvait de voir s'élever une tour portant son nom.

Malgré tout, Seecharan et les autres acheteurs de condos floués perdront leurs causes contre Trump. Et le promoteur immobilier de New York conservera les millions qui lui ont été versés pour ce projet raté.

18
Citoyen

Je ne m'attends pas à recevoir de ma mère adoptive les félicitations enthousiastes avec lesquelles mes amis new-yorkais accueillent l'annonce de mon obtention imminente de la citoyenneté américaine. Il faut d'abord dire qu'elle est du genre à préférer utiliser le mot «étatsuniens» plutôt qu'«américains» pour parler des gens ou des phénomènes liés aux États-Unis. «Nous sommes aussi américains qu'eux», se plaît-elle à me dire. Elle a en outre développé au cours des huit années de George W. Bush à la Maison-Blanche une certaine hostilité envers ce pays qui veut instaurer la démocratie à coup de bombes en Afghanistan et en Irak. Et l'élection de Barack Obama à la présidence, survenue 13 mois plus tôt, n'est pas venue à bout de ses préventions.

J'emploie donc un ton faussement blasé pour lui annoncer, au téléphone, la nouvelle de ma naturalisation prochaine: «Au fait, je ne t'en ai pas parlé avant, mais j'ai entrepris les démarches pour devenir citoyen américain et je viens de recevoir la réponse. Ma demande a été acceptée.»

Après quelques secondes de silence, ma mère laisse tomber sur un ton neutre cette réaction qui ne me surprend qu'à moitié: «C'est ton choix.»

Pas de reproche formel, mais pas d'appui non plus. Un peu déçu, je décide de reporter l'annonce d'une autre nouvelle liée à la première, qui compte autant sinon plus à mes yeux. J'ai été choisi pour participer à une cérémonie de naturalisation spéciale à Ellis Island, cette petite île située à l'ombre de la statue de la Liberté, où les services d'immigration américains accueillirent environ 12 millions de personnes entre janvier 1892 et novembre 1954. Le 4 décembre 2009, jour de la cérémonie spéciale à laquelle j'ai été convié, le gouvernement américain sera représenté par un de ses plus hauts responsables. S'agira-t-il du président des États-Unis lui-même?

«Nous ne pouvons pas fournir cette information», m'a dit une relationniste du Service de la Citoyenneté et de l'Immigration des États-Unis, me laissant penser que la chose n'est pas impossible.

La relationniste m'a contacté en m'expliquant qu'elle était chargée de compléter les notes biographiques de quelques-uns des candidats en instance de naturalisation. Elle m'a expliqué que ces bios feront partie du dossier de presse qui sera remis aux journalistes qui couvriront la cérémonie à Ellis Island. Elle m'a posé des questions sur mes expériences personnelles et professionnelles aux États-Unis. Je n'ai pas manqué de l'informer que mon roman historique sur la contribution des voyageurs canadiens-français à l'expédition de Lewis et Clark avait été traduit en anglais.

— Quel est le titre? m'a-t-elle demandé.

— *The Lost Guide.*

J'ai ajouté que ce livre m'avait permis de rencontrer quantité d'Américains férus d'histoire dans une bonne quinzaine d'États, dont le Missouri, la Virginie, le Nebraska, le Dakota du Nord et même la Floride où ni Lewis, ni Clark, ni aucun de leurs compagnons canadiens-français ne mirent jamais les pieds ni ne plongèrent leurs avirons.

Et je me suis mis à rêver qu'un journaliste du *New York Times* ou de l'agence Associated Press mentionnera ce titre dans son article sur cette cérémonie de naturalisation à laquelle Barack Obama jugera peut-être bon d'officier, comme l'a fait au même endroit son prédécesseur au cours de sa première année à la présidence.

Je reporte donc le moment où je raconterai tout ça à ma mère. Tout comme je repousse le moment où je lui expliquerai qu'elle a elle-même joué un rôle crucial dans mon engouement pour les États-Unis.

★

J'ai sept ou huit ans. Je participe à une séance de «Photolangage» avec un groupe d'adolescents qui se réunit une fois par semaine dans la maison familiale, sous les auspices de ma mère adoptive. Durant la séance, chacun des participants choisit parmi plusieurs photos celle qui correspond le mieux à l'idée qu'il se fait de l'énoncé formulé par l'animateur. Suit un échange au cours duquel les participants expliquent leur choix et écoutent ce que les autres ont à en dire.

« Choisissez une photo qui représente pour vous la liberté », dit ma mère pour lancer la séance.

Je choisis une photo montrant Martin Luther King en train de s'adresser à une foule. Je sais que le pasteur noir d'Atlanta, figure de proue du mouvement des droits civiques, a été assassiné un an ou deux plus tôt. Je sais aussi que son discours le plus célèbre prend fin sur les paroles d'un vieux *negro spiritual* qui parle de liberté : « Enfin libres, enfin libres. Merci Dieu tout-puissant, nous voilà enfin libres ! »

Mais je ne sais pas encore que j'associerai plus tard à cette photo choisie à sept ou huit ans mon intérêt à la cause des Noirs américains, à l'histoire des États-Unis et à la politique américaine.

Je ne sais pas encore non plus que je trouverai dans l'histoire de la lutte des Noirs incarnée par King un exemple du triomphe du bien dans un pays capable du pire. Un triomphe rendu possible non seulement par des individus qui agissent au fil des générations pour combattre l'esclavage, la ségrégation, le maccarthysme ou les abus d'un président, mais également par des textes qui garantissent l'égalité des citoyens devant la loi, la liberté de presse et la séparation des pouvoirs.

Ce triomphe du bien contre le pire n'est jamais garanti, complet ou irréversible. Mais il débouche parfois sur le progrès. L'élection de Barack Obama à la présidence constitue à mes yeux un exemple de ce progrès possible.

En donnant la clé de la Maison-Blanche à un premier homme de couleur, les Américains se sont rapprochés du rêve de Martin Luther King, ne serait-ce que le temps d'un vote ou d'un mandat présidentiel. Après huit années d'une administration républicaine dominée par des personnalités toxiques, dont Dick Cheney et Donald Rumsfeld, ils m'ont aussi rassuré sur leur pays.

Et pour la première fois, au lendemain du triomphe de Barack Obama, je me mets à penser que je pourrais devenir citoyen de ce pays où je vis depuis 1994. Je possède déjà la carte de résident permanent aux États-Unis depuis 2003. En quelques mois seulement, je pourrais obtenir la citoyenneté américaine, qui est aussi celle de ma femme et de mon fils.

Et je pourrais enfin exercer ce droit de vote dont je suis privé depuis que j'ai quitté le Canada. J'envie mes amis français, italiens ou israéliens qui peuvent voter pour les dirigeants de leur pays d'origine, peu importe le nombre de mois ou d'années qu'ils ont vécu à l'étranger.

Au bout du compte, c'est le droit de voter dans la ville, l'État et le pays où je vis, travaille et paie des impôts qui me poussera à entreprendre les démarches pour obtenir la naturalisation.

Un jour, j'expliquerai tout cela à ma mère, qui finira peut-être par avouer que mon choix n'était pas mauvais.

★

Les mots restent coincés dans ma gorge.

«Je déclare, par le présent acte, renoncer et faire abjuration d'obéissance et de fidélité à toute puissance étrangère, prince, potentat, État ou souverain desquels j'ai été le sujet ou le citoyen...»

Autour de moi, dans la plus grande salle du bâtiment principal d'Ellis Island, une centaine de personnes originaires de 40 pays semblent réciter sans aucun problème le serment d'allégeance par lequel elles deviendront officiellement citoyens des États-Unis. Mais je n'y parviens pas. Une boule d'émotion paralyse mes cordes vocales dès les premiers mots de l'affirmation solennelle dont je tiens une copie dans ma main gauche alors que ma main droite est levée face au juge qui préside cette partie de la cérémonie de naturalisation.

Dans les faits, je sais très bien que le serment d'allégeance ne change rien à mon statut de citoyen canadien, car les États-Unis acceptent la double nationalité sans l'encourager. Mais je suis incapable de prononcer ces mots d'une autre époque qui me commandent de «renoncer et [de] faire abjuration d'obéissance et de fidélité» au pays dont «j'ai été» le citoyen. Et cette réaction n'a rien à voir avec un attachement particulier aux Rocheuses canadiennes!

Je parviens à balbutier d'autres parties du serment, dont celles où je m'engage à «soutenir et [à] défendre la Constitution des États-Unis contre tout ennemi, qu'il vienne de l'extérieur ou de l'intérieur» et à «accomplir mon service militaire si la loi l'exige». Mais les seuls mots que je prononce d'une voix ferme sont ceux de la toute fin du serment: «Que Dieu me vienne en aide.»

Suivent les discours des dignitaires, dont celui de la personne qui représente le gouvernement américain. Malheureusement, il ne s'agit pas du président des États-Unis, Barack Obama, mais de Janet Napolitano, secrétaire à la Sécurité intérieure, qui est responsable du Service de la Citoyenneté et de l'Immigration des États-Unis. Petite déception.

«Ellis Island nous rappelle le dur labeur et l'esprit d'entreprise que tant d'immigrants ont apportés en Amérique, dit-elle. Je suis honorée d'accueillir ces hommes et ces femmes comme citoyens de notre nation et j'applaudis leur engagement envers les responsabilités et les idéaux partagés par tous les Américains.»

Après la remise des certificats de naturalisation par la secrétaire à la Sécurité intérieure, plusieurs journalistes entourent Flor Dominguez, une Dominicaine d'origine qui vient d'acquérir la citoyenneté américaine à l'âge de 95 ans après avoir vécu pendant 16 ans aux États-Unis. J'avoue que j'aurais également tenté de recueillir quelques mots de la nonagénaire si j'avais eu à «couvrir» la cérémonie.

D'autres journalistes s'intéressent aux trois nouveaux citoyens américains qui portent l'uniforme militaire et qui ont combattu en Afghanistan ou en Irak avant même d'être naturalisés. Autre choix logique de la part de mes collègues des médias.

Un nouveau citoyen originaire de l'Inde attire également l'attention des journalistes. Il a survécu aux attentats de Bombay qui ont fait 188 morts et 312 blessés un an auparavant.

Le lendemain matin, je me console tout à fait d'avoir été complètement ignoré par les journalistes en lisant dans un journal la réponse de Flor Dominguez à un collègue qui lui demandait pourquoi elle était devenue citoyenne : « Parce que j'aime ce pays. Je l'apprécie. Et je veux voter ! »

Moi aussi.

19

Le 7 octobre 2016

À 14 h 40 le 7 octobre 2016, le ministère de la Sécurité intérieure et la direction du Renseignement national diffusent sur leur compte Twitter respectif un communiqué conjoint accusant la Russie d'avoir piraté des organisations politiques et des systèmes électoraux aux États-Unis. « Ces vols et ces piratages ont pour but d'interférer dans le processus électoral américain », affirment les deux agences du gouvernement américain. « Nous pensons, compte tenu de l'étendue et de la sensibilité de ces initiatives, que seuls de hauts responsables russes ont pu autoriser ces activités », ajoutent-elles sans toutefois aller jusqu'à impliquer nommément le président de la Russie, Vladimir Poutine.

L'accusation n'est pas nouvelle. Depuis plusieurs semaines, le Parti démocrate, l'équipe de campagne d'Hillary Clinton et de nombreux experts indépendants dénoncent l'ingérence russe dans la campagne présidentielle par le biais de piratages et de fausses nouvelles. Mais voilà que le gouvernement américain pointe à son tour Moscou du doigt. À un mois et un jour du scrutin présidentiel, c'est du sérieux.

Dans leur communiqué, les agences gouvernementales accusent notamment «le gouvernement russe d'avoir orchestré les récents piratages de courriels de personnes et d'institutions américaines», publiés sur les sites WikiLeaks, DCLeaks et Guccifer 2.0, les deux derniers ayant été liés aux services de renseignement russes. À la veille de la convention démocrate, tenue fin juillet à Philadelphie, WikiLeaks a notamment frappé un grand coup en publiant des milliers de courriels du Comité national du Parti démocrate. Certains messages confirmaient la préférence des dirigeants démocrates pour Hillary Clinton par rapport à Bernie Sanders.

L'administration Obama se garde cependant d'accuser Moscou d'avoir mené les attaques sur les systèmes électoraux de différents États américains, se disant incapable de prouver qu'elles viennent bel et bien du gouvernement russe. Mais elle souligne qu'elles ont été perpétrées «dans la plupart des cas» à partir de serveurs russes.

Les accusations de l'administration américaine ne manqueront pas d'être mentionnées à l'occasion du deuxième débat présidentiel, qui aura lieu dans deux jours. Lors du premier duel, Hillary Clinton a imputé à la Russie la responsabilité des cyberattaques contre le Parti démocrate, provoquant un haussement d'épaules chez Donald Trump, qui ne manque jamais d'exprimer son admiration pour Poutine.

«Je ne pense pas que quiconque sache si c'est la Russie», a dit le candidat présidentiel du Parti républicain lors de ce premier débat tenu fin septembre sur le campus de l'Université Hosfra, à Long Island. «Elle dit "Russie, Russie, Russie", mais je ne sais pas. Peut-être est-ce le cas, ça pourrait être la Russie, mais ça pourrait aussi être la Chine, ça pourrait aussi être un tas de personnes, ça pourrait être un gars de 400 livres assis sur son lit, OK?»

★

À 16h03, les accusations de l'administration Obama à l'encontre de Moscou sont supplantées dans les médias américains par une histoire susceptible de couler pour de bon la candidature de Donald Trump. Le *Washington Post* vient d'exhumer une vidéo datant de 2005 et enregistrée à l'insu de l'ex-star de la téléréalité qui tient des propos obscènes à l'animateur Billy Bush de l'émission *Access Hollywood.*

Au début de la vidéo, les deux hommes se trouvent à bord d'un autocar qui s'apprête à s'arrêter non loin du plateau du «soap opera» *Days of Our Lives*, où ils doivent participer au tournage d'un épisode. Trump parle d'abord à son interlocuteur de ses vains efforts pour «baiser» l'animatrice de l'émission *Entertainment Tonight,* Nancy O'Dell.

«Elle était à Palm Beach et j'ai tenté le coup, je dois l'avouer. J'ai bien essayé de la baiser mais ça a été un échec, je l'avoue. J'ai tout essayé. Je l'ai emmenée faire les magasins. Elle voulait de nouveaux meubles, alors je lui ai dit que je lui montrerais de jolis meubles. Je l'ai draguée comme un animal en rut, mais je n'ai pas réussi, elle était mariée. Et il y a peu de temps, je l'ai revue avec ses gros faux nichons. Elle a complètement changé de style.»

Au moment où il s'apprête à descendre de l'autocar, Trump ajoute, en apercevant une des actrices de *Days of Our Lives*, Arianne Zucker, qui attend les deux hommes: «Je ferais bien de prendre des Tic Tac, juste au cas où je me mettrais à l'embrasser. Tu sais, je suis automatiquement attiré par les belles femmes... Je les embrasse tout de suite, comme un aimant. Je les embrasse, je n'attends même pas. Et quand tu es une star, elles te laissent faire. Tu peux les attraper par la chatte, tu fais tout ce que tu veux.»

Tous les médias emboîtent le pas du *Washington Post* et publient à leur tour la vidéo. Les condamnations ne tardent pas. «Répugnant et inacceptable», dénonce le chef de la majorité républicaine au Sénat, Mitch McConnell. Se disant «dégoûté», le président de la Chambre des représentants Paul Ryan annonce qu'il ne participera pas à un rassemblement prévu le lendemain au Wisconsin aux côtés de Trump.

«C'est horrible. Nous ne pouvons pas permettre à cet homme de devenir président», déclare Hillary Clinton.

À la télévision, quantité de commentateurs affirment que Donald Trump, déjà en difficulté après le premier débat, ne se relèvera pas de la diffusion de cette vidéo le montrant dans toute sa goujaterie et sa misogynie.

★

À 16h32, WikiLeaks annonce sur Twitter avoir reçu quelque 50 000 courriels piratés de la messagerie Gmail de John Podesta, président de la campagne présidentielle d'Hillary Clinton, et en publie illico 2 050.

Les principales révélations de ce premier lot de messages concernent les fameux discours de Clinton devant des banques d'affaires et des institutions financières de Wall Street dont elle avait refusé de publier les transcriptions pendant la course à l'investiture démocrate. Des extraits de ses trois discours prononcés devant les banquiers de Goldman Sachs la montrent à l'aise devant cet auditoire honni par son ancien rival démocrate Bernie Sanders et ses partisans. Elle ne trahit pas ses positions publiques, mais elle adopte un ton moins combatif à l'égard de ces représentants de Wall Street.

Les courriels font aussi état d'un discours de Clinton devant la banque brésilienne Banco Itau remontant à 2013 et au cours duquel elle prononce une phrase susceptible de faire tiquer l'aile protectionniste démocrate. Elle évoque en effet son rêve de voir naître « un marché commun sur l'ensemble de l'hémisphère américain ».

Cela étant, les premiers messages de John Podesta publiés sur WikiLeaks ne contiennent pas de révélations explosives. Mais le site de Julian Assange, qui a encore 48 000 courriels en sa possession, promet de continuer à les publier par tranches d'ici l'élection du 8 novembre. Et les médias américains ne devraient pas manquer d'examiner les documents avec attention pour en tirer toute la matière juteuse et controversée.

Y a-t-il un lien entre la diffusion de la vidéo compromettante pour Donald Trump et le moment choisi par WikiLeaks pour commencer à publier les courriels piratés de John Podesta ? Le site d'Assange a-t-il voulu tenter de détourner l'attention du public américain des problèmes du candidat républicain ? Les experts du renseignement américain ont sans doute leur opinion sur ces questions. Mais les médias américains ne traiteront plus, en ce 7 octobre 2016 et durant les jours suivants, de l'ingérence russe dans la campagne présidentielle des États-Unis et la complicité de WikiLeaks dans cet effort.

Ils n'en ont que pour la vidéo d'*Access Hollyowood* et ses conséquences sur l'élection présidentielle. Parmi les déclarations qui continuent à affluer, celle de Reince Priebus, président du Comité national du Parti républicain, retient leur attention : « Aucune femme ne devrait jamais être décrite en ces termes ou traitée de cette façon. Jamais. »

Comment Trump pourrait-il survivre à une telle journée ?

20

Diversité à East Village

Mon cœur de père se gonfle de fierté en regardant et en écoutant mon fils. Sur la scène de l'auditorium de son école, il accompagne à la guitare acoustique un groupe d'élèves de 5e année qui interprète la chanson *Redemption Song* de Bob Marley. Il ne joue pas mal pour un garçon de dix ans.

Perché au balcon de l'auditorium, j'assiste au spectacle annuel que donne l'école «progressive» de fiston au lendemain du Martin Luther King Day. Situé dans le quartier East Village de Manhattan, le Children's Workshop School (CWS) utilise l'occasion pour «honorer le rêve» du pasteur assassiné et renouveler l'espoir d'un «monde juste et pacifique» qui anime son personnel, en commençant par la directrice Maria Velez-Clarke.

Ayant rendu visite à Maria à quelques reprises, je sais que MLK n'est pas son seul héros. Une affiche d'Ernesto (Che) Guevara décore un des murs de son bureau. Le «Che» représente le côté rebelle de la directrice issue de parents portoricains, aspect de sa personnalité qu'elle prend soin de camoufler derrière une mine plutôt sévère et des tailleurs conservateurs. En fait, en la regardant, j'ai dû mal à croire qu'elle est bel et bien la sœur de Lisa Velez, tête d'affiche de la formation new-yorkaise Lisa Lisa & Cult Jam, qui a produit plusieurs succès dans les années 1980, dont *Head to Toe* et *Lost in Emotion*, et qui a contribué à faire d'elle la reine du «Latin hip-hop». Les deux sœurs ont vu le jour dans le quartier Hell's Kitchen de Manhattan au sein d'une famille de dix enfants dont le père était absent la plupart du temps. Respect.

Si nous étions dans une autre ville que New York ou dans un autre quartier qu'East Village, l'image du «Che» dans le bureau de la directrice pourrait susciter la controverse. Mais plusieurs parents du CWS doivent eux-mêmes nourrir une certaine admiration pour le révolutionnaire marxiste et compagnon d'armes de Fidel Castro. Parmi eux, je ne compte plus les artistes, dont certains viennent de l'étranger. C'est notamment le cas des parents d'un des amis de mon fils, qui ont donné à leur garçon le nom d'un célèbre hors-la-loi américain pour neutraliser ou décupler l'effet de son patronyme britannique. Ça donne le résultat suivant: Jesse James Crook. *You talkin' to me?*

Un autre ami de mon fils a reçu pour prénom le patronyme du poète-diplomate chilien Pablo Neruda. Le père de Neruda est lui-même un poète primé. Quant à sa mère, elle est journaliste au *New York Post*, ou plutôt elle l'était. Elle a démissionné du tabloïd conservateur de Rupert Murdoch pour protester contre la publication d'une caricature représentant un policier qui dit à un collègue, après avoir abattu un chimpanzé: «Ils vont devoir trouver quelqu'un d'autre pour rédiger le prochain plan de relance.»

Sous-entendu de ce dessin qui fait référence à un chimpanzé tué l'avant-veille au Connecticut après avoir gravement blessé une femme: le plan de relance économique de Barack Obama a été rédigé par un singe. À moins que le singe ne représente le nouveau président des États-Unis lui-même, ce qui n'est pas impossible. Dans l'histoire du racisme américain, les Noirs ont souvent été comparés à des singes. De quoi se rebeller.

Mon fils ne s'est cependant pas lié d'amitié avec la fille de la belle actrice Sarita Choudhury, qui s'est fait connaître au cinéma dans le film *Mississippi Masala* et à la télévision dans la série *Homeland*. Je me contente de la saluer quand je la croise dans la cour d'école. Tous les parents la jouent *cool*.

Bref, la faune de CWS n'est pas du genre à s'émouvoir de la présence d'une affiche de Che Guevara dans le bureau de la directrice d'une école primaire. Cette faune est composée d'une majorité de Blancs et d'une bonne minorité de personnes d'origines hispanique, afro-américaine ou asiatique. Et elle semble adhérer aux idéaux de tolérance, de diversité et de dialogue interculturel qui sous-tendent la mission de l'école.

Mais un détail retient mon attention pendant que les élèves de 5e année finissent de chanter *Redemption Song*. C'est plus qu'un détail, c'est une révélation. Du haut du balcon, je peux voir que les parents assis au parterre sont divisés rigoureusement en fonction de la couleur de leur peau ou de leur origine ethnique. Les Blancs sont assis avec les Blancs, les Noirs avec les Noirs, les Hispaniques avec les Hispaniques et les Asiatiques avec les Asiatiques.

Ce n'est sans doute pas intentionnel de leur part, cela a dû se passer de la façon la plus naturelle qui soit. Je me doute que certains des parents ont des amis issus de divers groupes ethniques ou religieux. Je suis certain que la plupart d'entre eux sont heureux d'envoyer leurs enfants dans une école multiethnique.

Mais, lors d'un spectacle ayant pour but d'«honorer le rêve» de Martin Luther King, le réflexe de s'asseoir et de se retrouver avec les gens de son groupe, de sa tribu, l'emporte sur l'idéal défini par le pasteur d'Atlanta et chéri par Maria.

Il y a au moins la musique qui nous unit tous, et cette guitare qui n'a fait presque pas de fausses notes…

21
Santé mentale

Septembre 1964. À l'approche de l'élection présidentielle opposant Lyndon Johnson à Barry Goldwater, le magazine *Fact* sort des sentiers battus en publiant un numéro spécial sur la santé mentale du candidat républicain intitulé *L'inconscient d'un conservateur*. Après avoir mené un sondage auprès de 12 356 psychiatres et analysé les commentaires de 2 417 d'entre eux, le bimensuel conclut que le sénateur de l'Arizona souffre du trouble de la personnalité paranoïaque et qu'il est psychologiquement inapte à exercer les hautes fonctions auxquelles il aspire. Rien de moins.

Le diagnostic fait sans doute le bonheur de Lyndon Johnson, dont l'équipe tente depuis plusieurs semaines de dépeindre Goldwater comme un politicien extrémiste auquel le pays ne peut confier les codes nucléaires américains. Mais le candidat républicain voit rouge et décide de poursuivre le magazine, son propriétaire et son rédacteur en chef. En 1968, soit quatre ans après sa défaite retentissante contre Johnson, un tribunal lui donne raison et lui accorde des dommages et intérêts punitifs s'élevant à 75 000 $. En 1973, l'Association de psychiatrie lui offre une autre consolation en inscrivant la «règle Goldwater» dans son code de déontologie. Elle vise ainsi à décourager ses membres de donner un avis professionnel sur des personnalités qu'ils n'ont pas eux-mêmes examinées et dont ils n'ont pas obtenu le consentement pour évoquer leur santé mentale.

Or, 43 ans plus tard, de nombreux psychiatres et psychologues américains décident d'ignorer cette règle. À l'approche de l'élection présidentielle de 2016, ils considèrent qu'il est de leur devoir d'alerter la population américaine au sujet de la santé mentale de Donald Trump. L'enjeu est trop grand, selon eux. Et chacun y va de son diagnostic, établi à partir des déclarations et des comportements hors normes du candidat républicain.

«Donald Trump présente des symptômes qui sont absolument liés au trouble de la personnalité narcissique», me dit en décembre 2015 Ben Michaelis, psychologue clinicien à Manhattan, en évoquant notamment le manque d'empathie et l'absence de remords du magnat de l'immobilier.

Au cours de notre entretien, Michaelis revient sur l'épisode désormais célèbre où Donald Trump se moque d'un journaliste handicapé qui l'a pris en flagrant délit de mensonge sur les soi-disant célébrations de milliers de musulmans du New Jersey lors des attentats du 11-Septembre. «Vous devriez voir ce type», a dit Trump quelques semaines plus tôt devant ses partisans en se lançant dans une gesticulation censée imiter Serge Kovaleski, qui souffre d'une maladie qui réduit la mobilité de ses articulations.

Dans la foulée de cet épisode, Donald Trump a démontré deux autres symptômes du trouble de la personnalité narcissique, selon Michaelis. Il a d'abord nié s'être moqué du journaliste handicapé et il a réclamé ensuite des excuses à ceux qui prétendaient le contraire.

«Quand il a fait ce cirque pour dénigrer le journaliste handicapé, je pensais vraiment que cela allait faire tourner le vent», dit le psychologue et auteur de plusieurs livres. «C'était tellement cruel à mes yeux. Et quand j'ai vu que cela n'avait eu aucun impact auprès de ses partisans, j'ai été secoué. Je crois qu'il n'y a plus rien qu'il puisse dire qui lui ferait perdre des appuis.»

★

Le diagnostic de la personnalité narcissique, même appliqué à Donald Trump, ne plaît pas à tous les psychiatres et psychologues. Après tout, font valoir certains d'entre eux, les postes de chef d'État ou de gouvernement seraient vacants dans plusieurs pays si le narcissisme suffisait à disqualifier un candidat ou à le ranger parmi les personnes souffrant de maladie mentale.

N'empêche : John Gartner, professeur au Département de psychiatrie à l'Université Johns Hopkins, insiste pour utiliser l'expression *malignant narcissism* (narcissisme malfaisant) pour parler de la maladie qui affecte selon lui le comportement de Donald Trump. Il s'agit d'un syndrome qui se caractérise par deux autres composantes : un caractère paranoïaque et un trouble de la personnalité antisociale.

« Le caractère paranoïaque [de Donald Trump] se révèle dans les nombreuses théories de complot qu'il épouse », écrit Gartner en juin 2016 après la victoire de l'ancienne star de la téléréalité dans la course à l'investiture républicaine pour l'élection présidentielle.

La liste des théories de complot que Trump a reprises à son compte est longue. En août 2016, le candidat républicain fera notamment sienne l'insinuation du *National Enquirer* selon laquelle le père d'un de ses rivaux, le sénateur du Texas Ted Cruz, se trouvait avec Lee Harvey Oswald peu avant que ce dernier assassine John Kennedy. La liste inclut également les théories selon lesquelles Barack Obama est un musulman né au Kenya, le réchauffement climatique est un canular chinois et les vaccins provoquent l'autisme.

Le trouble de la personnalité antisociale est la composante la plus toxique du syndrome dont souffre Donald Trump, selon John Gartner. « Les antisociaux mentent, exploitent et violent les droits des autres, et n'ont ni remords ni empathie », écrit-il.

Voilà donc les deux composantes qui entrent dans le narcissisme malfaisant, diagnostic défini en 1964 par le psychanalyste juif allemand Erich Fromm pour expliquer la psychologie d'Adolf Hitler.

« Bien que Trump ne soit pas Hitler (il veut seulement envoyer 11 millions d'immigrés dans des centres d'expulsion et non dans des camps d'extermination), les conséquences du diagnostic qu'il partage avec Hitler sont profondes», écrit encore John Gartner dans son texte de juin 2016. Et d'ajouter: «L'idée selon laquelle Trump va s'assagir et devenir présidentiel lorsqu'il obtiendra le pouvoir relève de la pensée magique. Le succès encourage les narcissistes malfaisants à devenir encore plus extravagants, plus imprudents et plus agressifs. De fait, après avoir remporté l'investiture républicaine, il n'y a pas eu de la part de Trump de "pivot" vers un comportement ou des idées plus raisonnables, bien au contraire. Il est devenu plus strident, combatif et ouvertement raciste.»

★

Tout comme John Garner, Ben Michaelis flirte avec le point Godwin[3]. Lors de notre entretien de décembre 2015, le psychologue new-yorkais établit un parallèle entre les partisans de Donald Trump, surtout les Américains blancs d'âge moyen peu éduqués, et les Allemands de l'entre-deux guerres.

«Comme le démontrent les recherches et l'histoire, les gens qui ressentent de la peur et de l'incertitude recherchent souvent la certitude afin de les aider à mieux gérer leur anxiété, dit le clinicien. Et l'une des choses que Trump offre est l'illusion de la certitude: des réponses claires et concrètes à une peur diffuse. Pour combattre

---

3 Le point Godwin fait référence à la loi énoncée par l'avocat américain Mike Godwin selon laquelle plus une discussion dure longtemps, plus la probabilité d'y trouver une comparaison impliquant les nazis ou Adolf Hitler augmente.

l'immigration illégale, nous allons bâtir un mur ! Pour lutter contre le terrorisme, nous allons stopper l'immigration musulmane ! »

Michaelis ajoute : « Les déclarations xénophobes de Trump représentent une exploitation flagrante des peurs des gens à l'égard des groupes marginaux afin de gagner des votes. C'est une honte pour notre pays. Cela fait penser à l'Allemagne de l'entre-deux-guerres. L'économie du pays était décimée et les gens cherchaient des boucs émissaires, une situation qu'Hitler a exploitée avec les conséquences que l'on sait. »

En dernière analyse, l'état de santé de Donald Trump inquiète moins Ben Michaelis que celui de ses partisans.

« Pour moi, la question la plus impérieuse est l'état psychologique de ses partisans, dit-il. Ils sont incapables ou peu disposés à établir un lien entre les défis auxquels fait face tout président et le comportement ou les connaissances de Donald Trump. Dans une démocratie, c'est désastreux. »

Désastreux ? Le mot n'est peut-être pas trop fort.

22

À vrai dire

Sur la scène d'un théâtre d'Evanston, une ville de la banlieue nord de Chicago, l'actrice et auteure Tania Richard décrit à l'auditoire un homme tel qu'il apparaît sur une photo prise au milieu d'une rue bondée de piétons chinois: «Il porte des lunettes de soleil noires et dépasse largement tout le monde du haut de ses 6' 2". Il est un mélange de John Shaft, Muhammad Ali et Sidney Poitier.»

Cet homme est mon père biologique et Tania Richard est ma demi-sœur.

Les spectateurs rient de cette juxtaposition inusitée de figures emblématiques de la culture noire: le personnage éponyme d'un des grands succès de la *blaxploitation*, le boxeur légendaire et la vedette de *Devine qui vient dîner*. Tania Richard sait manier l'humour. Elle s'en sert avec efficacité dans un spectacle intitulé *Truth Be Told* (*À vrai dire*), un *one-woman-show* autobiographique dont elle a signé le texte. Ce sens de l'humour lui permet d'alléger une histoire qui comporte des moments tristes, voire tragiques.

Assis parmi l'auditoire en ce mois d'août 2012, j'éprouve une drôle de sensation en entendant parler de mon père dans un tel contexte. L'actrice continue de décrire notre père que je n'ai rencontré qu'une seule fois, à l'âge d'un an: «Il semblait flotter au-dessus de tout comme s'il ne faisait que passer. Il voulait être un professeur ou un écrivain. Il a plutôt été médecin. Il adorait le cinéma, de même que les émissions de télévision *Barney Miller* et *Columbo*. Il buvait des Manhattan avec des glaçons. Il me donnait toujours la cerise. Son père était avocat. Sa mère était ménagère, je pense. Il y avait neuf enfants dans sa famille. Du moins, c'est ce que je croyais. J'ai découvert qu'il en était autrement l'été dernier.»

Tania dévoile ainsi le premier d'une succession de secrets concernant sa famille: un oncle issu du premier mariage de son grand-père paternel. Une tante a révélé à Tania l'existence de ce premier mariage et de cet «oncle Jacques» alors que son paternel reposait sur son lit de mort. Il s'agit d'un des secrets les plus banals de son père – de notre père – comme Tania allait le découvrir après le décès de ce dernier.

Sa mère ne cédait en rien à son père sur le plan de la dissimulation. Même si Tania l'avait souvent entendue parler créole au téléphone avec l'une de ses meilleures amies, elle refusait d'admettre devant sa fille toute connaissance de cette langue qu'elle considérait sans doute comme inférieure au français appris dans son pays natal, Haïti. Gynécologue-obstétricienne, elle vivait avec son mari chirurgien et leurs trois filles – Gina, Tania et Lissa – dans une belle et grande maison de la banlieue blanche et cossue de Chicago.

Derrière cette image d'aisance matérielle et d'accomplissement professionnel, les désagréments, errements et malheurs de la vie étaient écartés, ignorés, enfouis. Un exemple, tiré de *Truth Be Told*: alors que Tania a 21 ans, sa sœur Lissa meurt dans un accident de la route provoqué par un adolescent de 19 ans qui avait pris le volant après avoir trop bu. Tania partage l'effroyable nouvelle avec un ami au téléphone. Son père l'entend. Quand elle raccroche, il lui dit, en haussant le ton: «Pourquoi lui as-tu dit ça? Tu n'aurais pas dû lui dire ça.»

Mais comment taire la mort de sa sœur bien-aimée?

Pendant les dernières années de leur vie, les parents de Tania et Gina continuèrent à fréquenter leurs enfants et leurs petits-enfants, mais ils trouvaient toujours une excuse pour refuser de les recevoir chez eux. Ils durent cependant quitter leur domicile en raison de leur état de santé respectif. Émacié et secoué d'une toux incessante, le père fut d'abord admis à l'hôpital, mais seulement après avoir été forcé de se rendre à l'urgence par l'un de ses gendres. Il était atteint d'un cancer du poumon de phase IV, maladie qu'il avait tenté de cacher à sa famille. Il lui restait moins d'un mois à vivre. La mère, atteinte de démence, fut hospitalisée à la même époque avant d'être placée dans une résidence de soins prolongés.

La résidence familiale étant dès lors inhabitée, Tania et Gina purent alors y entrer à volonté. Ils découvrirent une maison à l'abandon : un fatras de livres, de magazines, de boîtes, de claviers d'ordinateur et autres objets hétéroclites encombraient la salle à manger et le salon, pièces qui reflétaient jadis l'opulence. Les murs et les plafonds étaient lézardés. À l'étage, les robinets et les toilettes ne fonctionnaient plus. Et la saleté recouvrait tout ce qui autrefois reluisait. Mais le pire était le sous-sol, où se trouvaient un bureau, une chambre d'invités et une salle de bains. L'eau d'une inondation plus ou moins récente n'y avait jamais été complètement retirée. Le plancher était visqueux. Les murs étaient recouverts d'une moisissure noire qui rendait l'air irrespirable.

★

« Que diable leur est-il arrivé ? » Après avoir fait la description de la maison de ses parents, Tania pose cette question aux membres de l'auditoire, dont je partage l'étonnement et l'effarement. La réponse se trouvait en partie dans un document que Tania et Gina découvrirent en cherchant dans le fouillis de la maison familiale la clé d'un coffret dans lequel se trouvait peut-être le testament de leur père. Testament dont ce dernier s'entêtait à refuser de confirmer l'existence.

Le document, découvert par hasard et daté de 1990, attestait la dissolution du mariage des parents de Tania et Gina. Ceux-ci avaient donc vécu plus de 20 ans sous le même toit tout en étant divorcés. Comment deux personnes peuvent-elles divorcer sans en parler à personne? Tania trouva la chose d'autant plus absurde que sa mère avait pris l'habitude de lui annoncer son intention de quitter son père tous les deux ou trois mois pendant deux années d'affilée alors qu'elle était à l'école primaire. Pourquoi avait-elle omis de parler de ce divorce à ses filles devenues adultes? Et pourquoi ce couple divorcé avait-il continué à vivre ensemble et à agir comme s'il était marié?

Tania découvrit un autre dossier troublant dans la maison familiale. Il s'agissait de documents de cour adressés à son père après le procès de l'adolescent dont la voiture avait percuté celle dans laquelle Lissa occupait le siège du passager. Tania découvrit ainsi le nom du jeune chauffard: Norward Wilson. Elle apprit aussi qu'il avait été condamné à quatre ans de prison et que sa sentence incluait l'obligation d'écrire une lettre d'excuses à ses parents. Lettre pitoyable qui accompagnait les documents de cour et dans laquelle l'adolescent écrivit que «cela aurait pu arriver à n'importe qui, malheureusement, c'était votre fille, moi-même et tous les autres impliqués dans l'accident».

Jamais le père de Tania et Gina n'avait parlé à ses filles de ce Norward Wilson, de sa sentence ou de sa lettre. En fait, lui et sa femme n'avaient plus jamais mentionné le nom de Lissa ou évoqué les circonstances de sa mort.

Le décès de mon père allait mener au dévoilement de nouveaux secrets de famille, dont mon existence. Tania relate cette découverte dans *Truth Be Told* après avoir décrit le contenu du coffret de son père dont Gina avait fini par trouver la clé :

« Il n'y avait rien qui révélait qu'il avait un fils. Que nous avions un frère. Oh ! je ne vous l'avais pas dit ? Sérieusement. Tout de suite après la mort de mon père, son meilleur ami nous l'a dit. Mon frère s'appelle Richard. Il a 49 ans. Mon père était avec la mère de Richard peu avant d'avoir marié la mienne. Mon père a rencontré son fils une fois lors de la fête pour son premier anniversaire. Une photo des deux a attesté de leur unique rencontre. Ma mère a découvert cette photo peu après qu'elle fut prise, réclamé des explications et menacé de divorcer de mon père. Celui-ci a réussi à l'en dissuader. Qu'est-il arrivé de cette photo ?

« Nous nous sommes rencontrés – Richard, Gina et moi-même – l'an dernier lors du week-end de la Thanksgiving dans un restaurant du South Side de Chicago alors qu'il était en ville pour visiter la famille de sa femme. Cela a été une rencontre parfaitement agréable sauf qu'elle a dû prendre fin et que nous avons dû retourner à nos propres vies. Nous nous sommes promis de nous revoir mais la vie a parfois raison des promesses. Qui sait ? »

Six années se sont écoulées depuis cette rencontre. Nous nous sommes revus à plusieurs reprises, à Chicago ou à New York. J'ai pu approfondir ma relation avec mes sœurs de Chicago, Tania et Gina, cette dernière étant enseignante dans une école publique d'Evanston. J'ai également pu à la fois m'étonner et m'émerveiller des affinités et des sentiments fraternels qui peuvent se manifester au contact de personnes qui vous étaient étrangères hier, mais auxquelles vous étiez unies de la façon la plus intime qui soit.

Il faut dire que j'avais une longueur d'avance sur mes sœurs. Grâce à ma mère biologique, je connaissais depuis longtemps leur existence. Et, un an avant notre rencontre, j'avais réussi à trouver leurs adresses et numéros de téléphone. Après ma tentative infructueuse de rencontrer mon père (voir le chapitre 6), j'attendais son décès avant de me présenter à ses filles. Tania m'a devancé en m'annonçant la mort de son père par le biais d'un message Facebook. Message accompagné d'excuses au cas où je n'étais pas au courant de toutes les circonstances entourant ma venue au monde !

Mais rien ne me préparait à ce spectacle solo dans lequel j'appris sur le compte de mon père des choses dont Tania et Gina n'avaient pas voulu ou pu me parler lors de nos rencontres précédentes. Des choses qui font peut-être partie de ma propre personnalité, comme cette apparence de flotter au-dessus de tout comme si je ne faisais que passer.

Mais j'abonde dans le sens de l'actrice et auteure de *Truth Be Told* : rien ne vaut la vérité. Dans la vie comme en politique.

CONCLUSION

Finira-t-il son mandat ? Y a-t-il un moyen de l'évincer de la Maison-Blanche avant le 20 janvier 2021 ?

Plusieurs contempteurs américains et étrangers de Donald Trump ont commencé à soulever ces questions dès sa première journée en tant que 45e président des États-Unis. En fait, au moins un d'entre eux y a pensé avant même que le candidat républicain soit élu.

En septembre 2016, l'historien américain Allan Lichtman a non seulement utilisé ses « 12 clés de la Maison-Blanche », modèle infaillible de prédiction depuis l'élection présidentielle de 1984, pour prédire la victoire de Trump envers et contre tous, mais il a également mis à profit ses connaissances du vainqueur éventuel et de la Constitution américaine pour y aller d'une autre prophétie audacieuse : après être devenu président, Donald J. Trump fera l'objet d'une procédure de destitution.

Quatre mois après l'investiture de Trump, Lichtman présentait dans un livre intitulé *The Case for Impeachment* les huit motifs qui pourraient justifier une procédure de destitution contre le nouveau président. Parmi ceux-ci : sa propension à enfreindre les lois (il a déjà violé la Loi sur le logement équitable dans les années 1970 et l'embargo commercial contre Cuba dans les années 1990, tout en prêtant son nom à plusieurs entreprises frauduleuses ou illégales, dont Trump University, Trump Institute et Trump Foundation).

Selon le professeur d'histoire à l'American University, Trump est également vulnérable pour d'autres raisons, incluant : son penchant pour le mensonge, qui pourrait le piéger à l'occasion d'une déposition sous serment ; son refus de couper ses liens avec son empire commercial, qui pourrait le mener à violer la clause constitutionnelle sur les émoluments domestiques et étrangers ; et sa façon de traiter les femmes, qui lui a valu de faire l'objet d'allégations de harcèlement sexuel susceptibles de revenir le hanter.

Et, il y a aussi l'affaire russe qui suit son cours. Au moment de la sortie du livre d'Allan Lichtman, Trump n'avait pas encore congédié le directeur du FBI James Comey, dont les enquêteurs cherchaient à déterminer si des proches du président avaient collaboré aux efforts de la Russie pour influencer l'élection présidentielle de 2016. Il n'était pas au courant non plus des pressions exercées par Trump auprès de ce même Comey pour qu'il mette fin à l'enquête sur son ancien conseiller à la Sécurité nationale Michael Flynn, soupçonné d'avoir menti à des enquêteurs sur la nature de ses contacts avec l'ambassadeur de Russie à Washington.

L'historien ne savait pas davantage que le renvoi de Comey mènerait à la nomination d'un procureur spécial, en l'occurrence Robert Mueller, qui tente notamment de déterminer si le président a entravé la justice. À la fin de son enquête, Mueller devra décider s'il recommandera ou non au Congrès de lancer une procédure de destitution.En attendant, Trump peut respirer un peu. L'*impeachment* relève de la Chambre des représentants qui est contrôlée par les républicains au moins jusqu'en janvier 2019 (seules les élections de mi-mandat de novembre 2018 pourraient changer cette donne). Et la destitution du président incombe au Sénat, qui doit l'approuver par une majorité des deux tiers. Or, la chambre haute a fini par acquitter les deux seuls présidents à avoir été l'objet d'un tel vote dans l'histoire américaine (Andrew Johnson en 1868 et Bill Clinton en 1998).

Oui, Donald Trump pourrait certes faire l'objet d'une procédure de destitution advenant la conquête de la Chambre des représentants par les démocrates en 2018. Mais sa destitution est peu probable.

Mais n'ai-je pas écrit dans l'avant-propos de ce livre qu'il fallait non pas envisager mais privilégier les scénarios le plus improbables en politique américaine? En voici un autre: Trump démissionnera, comme l'a déjà prédit Tony Schwartz, auteur des mémoires du milliardaire, *The Art of the Deal*. «L'encerclement progresse à une vitesse incroyable», a dit l'écrivain à la mi-août 2017 en faisant allusion à l'enquête russe. «Trump va démissionner et déclarer victoire avant que Mueller et le Congrès ne lui laissent aucune autre option.»

Un autre scénario improbable? Les membres du cabinet de Trump ou les élus du Congrès invoqueront avant longtemps le 25e amendement de la Constitution qui leur accorde le droit de démettre un président incapable d'exercer ses fonctions pour des raisons de santé physique ou mentale.

★

Mais la présidence de Donald Trump soulève aussi des questions dont les réponses ne seront pas connues avant qu'elle prenne fin. Les États-Unis parviendront-ils à effacer les effets les plus corrosifs du style politique pratiqué par le 45e président ? Réussiront-ils à revenir sur les politiques les plus nocives de son administration sur le plan intérieur ou à l'étranger ? Les citoyens américains, toutes allégeances politiques confondues, renoueront-ils avec le respect des faits, de la vérité, de la connaissance ?

Mais un tel sursaut démocratique est-il encore possible dans un pays où un animateur de radio influent comme Rush Limbaugh a passé les sept dernières années à décrire la réforme de la santé de Barack Obama comme une forme de réparation offerte par le premier président noir des États-Unis aux descendants d'esclaves ? Est-ce possible dans un pays où une chaîne d'information comme Fox News fait la guerre aux élus ou candidats républicains qui osent privilégier une approche consensuelle ou adopter une position modérée sur le climat, la santé, les armes à feu ou l'immigration ?

Bien entendu, tous les torts ne viennent pas des médias conservateurs et de ceux qui s'y abreuvent. Leurs rivaux et critiques vivent souvent dans leur propre bulle urbaine, côtière, ethnique, sexuelle, intellectuelle ou médiatique. Au fil des ans, ils ont perdu la capacité ou même l'envie de joindre une partie de la population blanche et rurale qui voit désormais le Parti républicain comme l'unique protecteur de leur identité menacée.

Mais les Rush Limbaugh, Fox News et tutti quanti ont bel et bien amplifié le ressac racial produit par l'élection de Barack Obama. Ils ont aussi contribué à créer ce climat délétère qui a permis à Donald Trump de triompher d'Hillary Clinton à grands coups d'outrances et de mensonges.

Pour les contempteurs américains et étrangers de Donald Trump, la fin de sa présidence n'arrivera pas trop tôt. Mais une fin précipitée comporte ses propres risques, dont celui d'exacerber le ressentiment qui a fait naître cette présidence. Autrement dit, il est fortement recommandé aux impatients de boire le calice jusqu'à la lie.

TABLE DES MATIÈRES

DEUXIÈME PARTIE

Sexe, mensonges et terreur

TROISIÈME PARTIE

Y a-t-il un docteur dans mon pays ?

RECYCLÉ
Papier fait à partir
de matériaux recyclés
FSC® C103567
FSC
www.fsc.org